조선인 강제동원의 기록
# 잊혀진 이름
# 남겨진 자리

# 잊혀진 이름을 따라
## 남겨진 자리에 서서

이 책은 여섯 명의 기록자가 함께 만든 여정이다. 다섯 명의 사진작가와 한 명의 기록작가는 일본 곳곳에 남겨진 조선인 강제동원의 흔적을 따라 걸으며, 삭제된 기억과 남겨진 자취를 응시했다. 이름 없이 사라진 사람들의 흔적 앞에서 만난 그들은 존재했지만 기록되지 않았고, 남아 있었지만 불리지 않은 채 잊혀져 있었다.

지금, 우리는 지워진 흔적을 바라보고 말해지지 못한 이야기들을 기록해 나가고 있다. 강제동원의 현장은 표지판도 설명도 없이 풍경 속에 스며 있었고, 그곳에는 여전히 돌아오지 못한 이름들이 머물고 있었다. 우리가 마주한 장면들은 겉보기에 평범했다. 광산과 철도, 댐과 숙소, 허물어진 비석, 이름 없는 묘지-일본의 오늘을 구성하는 익숙한 풍경들 아래에는 조선인 강제동원의 역사가 겹겹이 깔려 있었다. 그들은 노동자였고, 포로였으며, 징용자였고, 기록되지 않은 채 사라져간 이름 없는 존재들이었다.

우리는 그 자취 앞에서 사진을 찍고 기록을 남겼다. 작업은 단순한 감상의 산물이 아니라, 자료와 현장 위에 놓인 기록의 시도였다. 사진 작가들은 현장성을 바탕으로 공간의 맥락을 추적했고, 기록작가는 그 흩어진 단서를 서사로 엮었다. 사진은 겉으로 남은 형상을 응시했고, 글은 그 이면에 놓인 관계와 구조를 복원하고자 했다.

그러나 모든 걸음이 하나의 진실로 수렴되지는 않았다. 확인 가능한 자료의 정도는 제각기 달랐고, 일부 기록은 여전히 오류와 침묵 속에 머물러 있다. 우리는 가능한 한 신뢰할 수 있는 공식 보고서와 문서, 증언과 조사 기록에 기반해 서술했지만 그럼에도 불완전함은 남는다. 때문에 이 책은 복원의 중간지점에 놓인 불완전한 기록이자 아직 끝나지 않은 역사다.

광복 80주년을 맞아 책과 함께 사진전이 열린다. 사진을 마주하고, 글을 읽으며, 잠시 발걸음을 멈춘 이들과 함께 그 기억은 다시 우리 곁으로 돌아올 것이다.

기억하는 이의 책무는 잊힌 이름들을 다시 불러내는 일이다. 이 책이 그 이름을 온전히 부르기 위한 첫걸음이 되기를 바란다.

광복 80주년 여름
사진: **박민우·박창모·우동윤·장용근·최덕순**
기록: **박은경**

# CONTENTS

· 책을 펴내며

· 목차

## .01 강제동원 루트
06

관부연락선
간몬연락선

## .02 탄광으로 막장으로
20

군함도
사도광산
단바망간기념관
치쿠호탄전
미이케 탄광
아하타 제철소
오사리자와광산
조세이 탄광

## .03 인골로 쌓은 댐
54

고부댐
다자와호 헤메관음상
미야시타댐
소야쿠
쓰기댐

## .04 침묵 하나에 조선인 한 명
70

고베전철
아마루베 철교
오모시로야마코겐역
오코바역
이코마터널, 보덕사와 조선사

## .05 암흑명 다마, 오키나와
100

오키나와 평화기념공원
한의 비

광복 80주년 기록
조선인 강제동원의 기록
잊혀진 이름 **남겨진 자리**

## 06. 생지옥 홋카이도
110

- 비바이 탄광
- 유바리 탄광
- 아사지노 비행장 터
- 다치마치곶
- 히고다테 조선인 위령탑
- 삿포로 한국인 순난자 위령비
- 니시혼간지 삿포로별원
- 모이와 희생자의 비
- 훗카이도 박물관
- 훗카이도 개척촌
- 아시베쓰 탄광
- 슈마리나이호 우류 제1댐

## 07. 광기의 전쟁
156

- 히로시마 평화기념공원
- 나가사키 평화공원
- 간토대지진 조선인 희생자 추도비
- 간토대지진 조선인 순난자 추도비
- 간토대지진
- 상가포로 창기 순난자 위령비
- 유텐지 납골당
- 쿠라사키 강제연행 노동희생자 위령비
- 가메지마산 지하공장 터
- 간몬터널
- 노다터널
- 마쓰시로 대본영
- 모지코출장비, 출정군마 음수대
- 아타고산 지하공장 터
- 우가사마 순난의 비
- 나라 도조루 방공호
- 대동아 전몰 일한간호부 위령지비
- 이쿠타마 공원 지하호
- 제4사단 사령부 청사와
- 오사카 포병공창화학분석장
- 다치소 지하공장 터

## 08. 남겨진 사람들
246

- 히라노 운하
- 똥골 동네
- 이파치 무라
- 우토로 마을

## 09. 그리고 남은 이야기
286

- 교토 운동주 시비
- 오사카 위수감옥 터
- 구사로 송병준의 묘장

296 ● 작가노트
유적지 위치찾기

# 01  강제동원 루트

**관부연락선**
**간몬연락선**

조선인 강제동원은 물리적 폭력 이전에 제도적 경로로
작동했다. 1905년 개통된 관부연락선은 일본 본토와 조선을
연결하는 전시 동원의 핵심 통로였다. 부산에서 관부연락선을
타고 시모노세키에 도착한 조선인들은 간몬연락선을 거쳐
규슈와 혼슈 각지로 이송되었다. 이 항로는 단순한 해상
노선이 아니라, 조선과 일본을 연결하는 산업 동원의 실질적
관문이었다.

도일 경로는 일제 침탈과 함께 확립된 철도와 해운망을
통해 완성되었다. 조선에서 동원된 인력은 시모노세키에
상륙한 뒤 규슈 탄광지대(후쿠오카, 나가사키), 간사이
공업지대(오사카, 교토, 고베), 수도권(도쿄, 요코하마), 중부
지역(아이치, 나가노), 최북단 홋카이도까지 분산 배치되었다.
수송 효율성을 극대화한 이 체계는 전시 자원관리의 일부로
작동했으며, 조선인 노동자는 그 중심에 있었다.

1920년대부터 본격적으로 증가한 조선인 노동자들의 도일은
일본 자본의 값싼 노동력 수요에 따른 결과였다. 평균 하루
임금은 일본인 대비 20~30% 낮았고, 식민지 출신이라는
이유로 숙소·식사·의복 등에서 극단적인 차별을 받았다.

다수는 공사장 합숙소나 밥집 숙소에 몰려 지냈으며, 작은
공간에 수십 명이 함께 기거했다. 밥과 소금, 약간의 채소가
전부인 식사, 낡은 옷가지와 신발, 위생·의료의 결핍은
일상이었다.

이처럼 강제동원은 물류와 제도, 경로가 결합된 하나의
시스템이었다. '강제동원 루트'는 바로 그 조직적 수송과 노동
배치, 생활 통제의 실체를 따라가며, 식민지 동원이 어떻게
구조화되었는지를 이야기하고자 한다.

# 관부연락선
## 関釜連絡船

1905년 1월 1일 서울에서 부산까지 경부선 철도가 개통되었다. 이를 계기로 일본의 산요 기선 주식회사(山陽汽船株式會社)는 일본의 산요 철도와 한국의 경부선을 연결시키는 연락선 항로를 만들었다. 9월 첫 여객선이 취항하면서 이것이 관부연락선의 시초가 되었다.

'관부'란 시모노세키(下関)의 '관'과 부산(釜山)의 '부'를 따서 만든 이름이고 '연락선(連絡船)'은 철도 노선을 연결한다는 의미다. 일본은 조선 침탈을 위해 도쿄에서 시모노세키로 이어지는 일본의 내륙 철도와 부산에서 경성으로 이어지는 조선의 내륙 철도를 관부연락선, 바닷길로 연결했다.

최초로 취항한 선박은 1,680톤 급의 이키호(壹岐丸)로 승객 정원은 317명, 화물 적재량은 300톤이었다. 선실은 1등실부터 3등실까지 나눠져 있었는데, 객실의 모습이 상당히 대조적이었다. 1등석은 호화로운 휴게실과 레스토랑까지 완비된 공간이었지만, 3등석은 좁고 빼곡한 공간에 많은 승객과 물건들이 뒤섞인 혼란스런 공간이었다.

배의 운항 시간은 11시간 30분 정도였다. 이키호 이후에 쓰시마호(對馬丸), 에게야마호(會下山丸), 사쓰마호(薩摩丸), 우메가카호(梅ヶ香丸), 사쿠라호(櫻丸), 곤고호(金剛丸), 고안호(興安丸) 등이 잇따라 취항하며 관부 연락선의 수송력 또한 증대되었다. 1905년부터 1945년까지 대략 3천 만 명의 승객이 관부연락선을 이용하였다.

『부관연락선과 부산』(논형, 2007)에 정리된 자료에 따르면, 노선이 개설된 1905년 총 수송객 수가 3만 9,956명이었고 이것이 점차 늘어나 1910년대 말에는 40만 명을 넘어, 1930년대 후반 100만 명을 넘어섰다. 본격적으로 조선인을 징용·징병했던 1940년대에는 300만 명에 가까운 인원을 수송했다.

부관연락선은 40년간 약 3천만에 달하는 인원을 수송하는 명실상부한 조선과 일본 간 대동맥 역할을 수행했다. 다른 해운 노선도 많았지만 (통계자료의 차이는 있으나) 조선과 일본 간을 도항한 약 80~90% 인원이 관부연락선을 통해 왕복했다. 물론 물류 수송 측면에서도 큰 역할을 담당한 노선이었다.

관부연락선은 일본이 패전한 1945년 폐업했다가 1965년 한국과 일본의 국교가 수립된 후 1970년 6월 19일에 관부 페리호가 운항을 시작하였고 1983년 4월 27일에는 부관훼리호가 운항을 시작 하였다. 2025년 현재 부산↔시모노세키 항로에는 국내 선사인 부관페리가 운항하는 '성희'호와 일본 선사인 캄부페리가 운항하는 '하마유'호가 매일 번갈아가며 운항한다.

장용근_**부관페리**

우동윤_**부관페리**

장용근_부관페리

장용근_부관페리

# 간몬연락선
関門連絡船

간몬연락선은 일본 혼슈의 시모노세키(下関)와 규슈의 모지(門司)를 잇는 해협 횡단 여객선 항로로, 1901년 일본 철도성이 직영으로 운영을 시작한 것이 기원이다. 이후 1905년부터 본격적인 정기 여객선 노선으로 운항되었으며, 1942년 11월 15일 간몬 철도 터널이 개통되기 전까지 혼슈와 규슈를 연결하는 핵심 수송 노선이었다.

간몬연락선은 일제 강점기 조선인들의 일본 본토 강제동원 경로에서 중요한 연결축이었다. 국무총리실 소속 대일항쟁기 강제동원 피해조사 및 국외강제동원 희생자 등 지원위원회의 보고서에 따르면, 당시 조선에서 일본으로 강제 동원된 조선인들은 대부분 부산을 출발해 부관연락선을 타고 시모노세키에 도착한 뒤, 간몬연락선을 이용하여 모지로 이동하였다. 이후 기타큐슈, 후쿠오카, 나가사키 등 규슈 산업지대로 다시 분산 배치되었으며, 이 과정에서 간몬연락선이 실질적인 경유지로 기능하였다.

1940년대 초반까지 간몬연락선은 민간과 군사 수송을 동시에 수행했다. 당시 일본 정부는 전시 동원 체계를 강화하기 위해 교통 인프라를 전략적으로 운용하였고, 해협을 가로지르는 간몬연락선은 철도, 항만, 해상 운송을 연계한 통합 수송체계의 일부였다.

간몬연락선을 이용한 조선인의 정확한 이용 인원에 대한 공식 통계는 없지만 일제강점기 동안 강제동원된 조선인 가운데 상당수가 일본 규슈 지방으로 이송된 것으로 알려져 있다.

일본 정부 자료에 따르면 전체 강제동원자 중 약 47%가 석탄 산업에 투입되었으며, 이들 중 약 55%는 후쿠오카현, 나가사키현, 구마모토현 등을 포함한 규슈 지역에 배치되었다. 이들 가운데 상당수는 시모노세키 항을 경유하여 간몬연락선을 통해 규슈로 이동했을 것으로 추정할 수 있다.

시모노세키는 조선에서 강제동원된 인력이 일본 땅에 처음 발을 딛는 지점이자, 해방 이후 조국으로 귀환하기 위한 출발점이기도 했다. 증언에 따르면, 당시 조선인들은 간몬연락선 선착장 인근 부둣가 창고에 며칠씩 갇혀 있다가 기타 지역으로 배치되었으며, 일부는 해방 후에도 귀국 여비가 없어 일본에 정착할 수밖에 없었다고 한다.

간몬연락선은 전쟁 말기 연합군의 공격으로 항로 운항이 불규칙해졌고 1945년 패전과 함께 그 기능을 사실상 상실하였다. 이후 해저터널과 간몬교량 등의 육로 연결이 이루어지면서 해상 연락선의 필요성은 줄어들었고, 1949년을 전후해 공식적으로 정기 여객 운항은 종료되었다.

간몬연락선은 2025년 현재 간몬기선이라는 이름으로 혼슈와 규슈를 오가며 관광객을 실어 나르고 있다.

장용근_간몬연락선

장용근, 간몬연락선 통로 흔적

장용근, 간몬연락선 통로 흔적

장용근, 간몬연락선 선착장

장용근_모지코역

장용근_**모지코역**

장용근_간몬연락선 선착장 감시소

장용근_간몬해협

# 02

## 탄광으로 막장으로

군함도
사도광산
단바망간기념관
치쿠호탄전
미이케 탄광
야하타 제철소
오사리자와광산
조세이 탄광

일제강점기, 일본의 산업화와 전시 총력체제를 지탱한 것은 조선인들의 강제 노동이었다. 특히 석탄, 금속, 철강을 생산하는 광산과 중공업 시설은 조선인 노동력 없이는 가동이 불가능했으며, 이들 노동자는 일본 본토 전역의 가장 위험하고 열악한 현장에 집중적으로 배치되었다. 미쓰비시와 미쓰이 계열이 운영한 군함도, 사도광산, 미이케 탄광은 물론, 야하타 제철소, 치쿠호탄전, 조세이 탄광 등은 대표적인 강제동원 현장이었다.

이들 현장에 투입된 조선인들은 통풍이 부족한 깊은 갱도와 고열의 제철로 앞에서 하루 12시간 이상의 중노동을 감내해야 했고, 보호장비와 안전대책조차 없이 사고·질병·폭력에 무방비로 노출되었다. 수많은 노동자가 사망하거나 실종되었으며, 유해는 수습되지 못한 채 현장에 방치되거나 암매장되었다. 일본 정부와 기업은 이들의 희생에 대해 오랫동안 침묵했고, 대부분의 피해자는 이름조차 남지 않았다.

'탄광으로 막장으로'는 식민지 조선인들이 어디로 끌려갔고, 어떤 방식으로 쓰였으며, 어떻게 사라졌는지를 보여주는 구조적 폭력의 지도를 따라가기 위한 시도이다. 지금도 일본 각지에는 이들의 흔적을 알리는 위령비와 폐광 유적이 남아 있지만, 그 의미는 충분히 조명되지 못하고 있다. 이 기록은 잊힌 희생자들을 이름 없는 자리가 아니라, 역사적 사실로 다시 호명하기 위한 출발점이다.

# 군함도
端島

군함도는 일본 나가사키현 나가사키항에서 남서쪽으로 약 15킬로미터 떨어진 해상에 위치한 섬으로, 정식 명칭은 '하시마(端島)'이다. 섬의 외형이 전함처럼 보여 '군함도'라는 별칭이 붙었으며, 근대 일본의 산업화 과정을 상징하는 대표적 해저탄광 단지로 알려져 있다. 미쓰비시가 1890년에 이 섬을 매입한 이후 석탄 생산을 위해 본격적으로 개발하였고, 최고 전성기였던 1959년에는 5,000명이 넘는 주민이 거주하여 세계 최고 수준의 인구 밀도를 기록하기도 했다. 동시에 이 섬은 조선인과 중국인 등 식민지 출신 노동자들이 강제로 동원되어 혹독한 노동에 시달렸던 대표적인 강제노동 현장이기도 하다.

국무총리실 소속 대일항쟁기 강제동원 피해조사 및 국외강제동원 희생자 등 지원위원회는 보고서에서 1943년부터 1945년 사이 군함도에 약 800명의 조선인이 강제로 동원되었음을 기록하고 있다. 이들은 대부분은 계약이나 임금 조건도 명확히 전달받지 못한 채 열악한 노동 환경에 내몰렸다. 탄광은 해저 수백 미터 아래에 위치해 있었으며, 조선인 노동자들은 갱도 안에서 하루 12시간 이상 중노동을 강요받았다. 갱도 내부는 고온다습하고 통풍이 매우 부족했으며, 환기가 되지 않아 질식 위험도 컸다. 이로 인해 많은 조선인 노동자들이 폐질환, 영양실조, 사고 등으로 목숨을 잃었다.

보고서에는 또한 군함도(하시마)에서 강제노역에 동원된 조선인 가운데 122명이 사망한 것으로 기록되어 있다. 사망 원인별로는 폐렴·천식 등 질병으로 인한 사망이 28명(약 30%), 외상이나 낙반 등 산업재해로 인한 사망이 13명(약 14%), 질식 및 압사 등으로 인한 사망이 17명(약 18.5%)이었다. 이러한 수치는 조선인 노동자들이 위험하고 열악한 환경에서 작업했으며, 적절한 보호나 치료를 받지 못한 채 강제노동에 내몰렸음을 보여준다. 특히 1943년부터 1945년 사이 전쟁 말기로 갈수록 조선인 사망자가 급증한 것으로 나타났으며, 이는 석탄 증산을 위한 무리한 노동 강요와 안전조치 미비, 식량과 의료 부족 등이 복합적으로 작용한 결과로 해석되고 있다.

군함도는 2015년 '메이지 일본의 산업혁명 유산'이라는 이름으로 유네스코 세계문화유산에 등재(등재명:하시마 탄광(HASHIMA COAL MINE))되었다. 당시 일본 정부는 등재 조건으로 "1940년대 조선인과 기타 외국인 인력이 본인의 의사에 반해 가혹한 조건에서 노동했다"는 사실을 인정하였다. 그러나 이후 일본 측은 이러한 사실을 현지 전시관이나 자료에서 제대로 설명하지 않았고, 피해자 증언이나 기록을 축소하거나 누락했다는 비판이 제기되었다. 2021년 유네스코는 일본 정부의 유산관리 보고서를 평가하면서 "조선인 강제노동에 대한 정보 제공이 불충분하다"며 후속 조치를 요구하였고, 이후에도 관련 논의는 국제사회에서 계속되고 있다. 한국 정부는 일본의 역사 왜곡 가능성에 대해 우려를 표명하며, 유네스코를 통해 국제적 감시와 조치를 지속적으로 요청하고 있다.

군함도는 단지 일본 산업화의 상징만은 아니다. 강제동원된 약 800명의 조선인 노동자와 그 중 최소 122명이 사망한 기록은, 이곳이 식민지 조선인의 피와 희생 위에 세워진 산업유산임을 증명한다. 군함도는 오늘날에도 과거의 인권침해와 역사왜곡 논란의 중심에 있으며, 조선인 강제노동의 실상을 국제적으로 온전히 기억하고 재조명하기 위한 노력이 계속되어야 한다.

박민우_군함도

박민우_군함도

박민우_군함도

박민우_군함도

박민우_군함도

박민우_군함도 석탄자료관

박민우_ 군함도 석탄자료관

박민우_군함도 석탄자료관

박민우_군함도 석탄자료관

박민우_미쓰비시중공업

박민우_ **미쓰비시중공업**

# 사도광산
佐渡鉱山

사도광산은 일본 니가타현 사도시에 위치한 금·은·동 광산으로, 에도시대 초기에 금맥이 발견된 이후 일본 산업화의 상징적 공간으로 자리 잡았다. 미쓰비시 광업 주식회사가 1896년부터 운영을 시작하면서 단순한 채광지가 아닌 일본의 전쟁 수행을 위한 군수물자 생산 기지로 전환되었다. 특히 1930년대 후반부터는 제2차 세계대전을 위한 총력전 체제로 전환되면서 본격적으로 조선인 노동자의 강제 동원이 이루어진 장소다.

동북아역사재단의 조사에 따르면, 미쓰비시 광업이 작성한 자료에 1940년 7월 기준으로 332명의 조선인이 사도광산에 등록되어 있었으며, 1942년에는 802명, 1943년 5월에는 1,005명이 등록되었다고 한다. 1944년부터 1945년까지 추가로 263명이 투입되었으며, 종전까지 사도광산에서 근무한 조선인 노동자는 약 1,200명에 이르는 것으로 추정된다. 일부에서는 사도광산에 동원된 조선인의 누적 인원을 최소 2,379명으로 추정하기도 한다.

사도광산에 동원된 조선인 노동자들은 대부분 해발 약 900미터 이상의 갱도에서 하루 12시간 이상 고강도 노동을 수행해야 했다. 이들은 왕복 3시간이 넘는 험준한 산길을 걸어 출근해야 했으며, 낙반과 폭발의 위험이 상존하는 환경에서 보호장비 없이 작업에 투입되었다. 이로 인해 진폐증, 폐결핵, 산소 부족, 근골격계 질환 등 직업병이 빈발했고, 일부는 현장에서 사망하거나 후유증으로 고통받았다. 증언에 따르면, 당시에는 병원 진료도 거부당했으며, 임금을 요구하면 "조선인에겐 해당되지 않는다"는 답변을 들었다는 사례도 보고되었다.

사도광산은 단지 일본 산업화의 유산이 아니라, 조선인 강제동원의 상징적 장소이다. 그런데도 일본 정부는 2022년 사도광산을 유네스코 세계유산으로 신청하면서 조선인 강제동원 사실을 명시하지 않고, 전시 설명에서도 이를 누락하거나 축소하였다. 유네스코 자문기구(ICOMOS)는 "역사적 전체성 부족"을 이유로 등재 유보를 권고했으며, 한국 정부와 국내외 시민단체는 "피해자의 역사 삭제 시도"라며 반발하였다. 이후, 사도광산은 2024년 유네스코 세계유산으로 등재되었지만, 관련 전시장 어디에도 조선인 노동의 '강제성'에 대한 언급은 없다.

박창모_사도광산

박창모_사도광산

박창모_사도광산

박창모_사도광산

박창모_사도광산

박창모_사도광산

박창모_사도광산

# 단바망간기념관
## 丹波マンガン記念館

단바망간기념관은 일본 교토부 우쿄구 단바 지역에 위치한 인권·역사 기념관으로, 일제강점기 당시 망간 광산에서 강제노동에 시달렸던 조선인과 피차별 부락민의 삶을 기억하고 증언하는 공간이다. 이 기념관은 산업유산이자 인권 교육의 장으로서, 일본 내에서도 드물게 강제동원 피해자를 중심으로 설립된 독립형 민간 기념관이라는 점에서 특별한 의의를 지닌다.

기념관은 1986년, 직접 망간 광산에서 일하며 진폐증을 얻은 재일조선인 2세 이정호가 사재를 털어 설립하였으며, 1989년 개관하였다. 그는 망간 채굴 현장에서 조선인들이 어떤 환경에서 일했고, 어떻게 고통받았는지를 후세에 알리기 위해 기념관을 세웠다. 2009년 재정난으로 폐관되었으나, 시민단체와 후원자들의 노력으로 2011년 재개관되었다.

단바 지역의 망간 광산은 일제 말 전시 동원체제 하에서 전략물자 생산을 위해 가동되었으며, 조선인과 부락민 등 사회적 약자들이 위험하고 열악한 환경에서 중노동을 감내해야 했던 장소였다. 광산은 해발 600미터 이상의 산악 지대에 위치하고 있어 출퇴근 자체가 고된 일이었고, 작업장은 갱내 온도가 낮고 환기가 부족하여 진폐증 등 호흡기 질환이 빈번하게 발생하였다. 이정호 또한 같은 환경에서 일하다 진폐증을 앓았다. 그는 이러한 경험과 동료들의 증언을 기록으로 남기기 위해 기념관을 세웠다.

단바망간기념관은 망간의 지질학적 특성과 채굴 방식을 소개하는 과학적 설명으로 구성된다. 실제 채굴 현장에서 사용된 도구와 작업복을 통해 당시의 산업 환경과 노동 조건을 보여준다. 조선인이 어떤 환경에서 일했는지는 증언, 사진, 기록 자료를 통해 조명하고 있다. 특히 갱도 내부를 재현한 약 300미터 길이의 터널 체험 공간은 당시 노동자들의 환경을 직접 느껴볼 수 있도록 구성되어 있으며, 내부 온도는 연중 10~12℃를 유지해 갱내의 열악한 조건을 실감할 수 있다.

조선인 강제동원 피해자 본인과 가족이 중심이 되어 세운 이 기념관은, 강제동원이라는 역사적 폭력을 증언하는 상징적 공간이다. 피해자 개인의 고통을 집단적 기억으로 전환시키는 장소이자, 일본 사회 내에서 역사적 책임과 반성을 촉구하는 실천의 현장이다.

단바망간기념관은 2020년 코로나 팬데믹에 따른 임시폐쇄 조치가 이어져 현재는 사실상 폐관된 상태다.

우동윤_단바망간기념관

# 치쿠호탄전
筑豊炭田

치쿠호 지역은 메이지 시대 이후 급속한 산업화 과정에서 석탄 수요가 증가함에 따라 광산 개발이 본격화되었으며, 특히 20세기 전반기에는 일본 전체 석탄 생산량의 약 40%를 차지하는 중심 탄전으로 기능하였다. 이 지역에는 약 130개 이상의 탄광이 조성되었으며, 야하타 제철소와 같은 중공업 단지에 직접 연료를 공급하는 전략적 위치에 있었다.

치쿠호탄전은 조선인 강제동원과 관련하여 매우 중요한 장소로 기록된다. 대일항쟁기 강제동원 피해조사 및 국외강제동원 희생자 등 지원위원회의 보고서에 따르면, 일제강점기 후반기인 1939년부터 1945년 사이 일본 전역의 광산에 강제로 동원된 조선인은 약 72만 3,000명이며, 이 중 상당수가 규슈 지역, 특히 치쿠호탄전의 주요 탄광에 집중 배치되었다고 한다. 조선인들은 일제 말기 전시 총동원 체제에 따라 강제징용, 관변단체 모집, 사설 알선 등의 형식을 통해 동원되었으며, 1920년대 말 기준으로도 치쿠호탄전 노동자의 약 9%가 조선인으로 확인된다.

이들 조선인 노동자들은 하루 12시간 이상 작업하며 탄광 내 위험 지역에서 가장 고된 일을 맡았다. 대부분은 숙련되지 않은 상태로 채탄작업에 투입되었으며, 통풍이 부족하고 지하수가 차오르는 낙후된 갱도에서 진폐증, 질식, 붕괴사고 등의 위험에 상시 노출되었다. 또한 언어 장벽, 식민지 출신이라는 이유로 인한 차별, 제한된 식량과 의료서비스, 강제저축 명목의 임금 착취가 반복되었다.

전후 일본 정부는 조선인 강제동원에 대한 공식 조사나 보상을 진행하지 않았으며, 현재까지도 치쿠호 지역의 다수 탄광 유적에는 조선인 노동자 관련 설명이나 추모시설이 부재한 상태이다. 민간 기록과 유족 증언, 일부 시민단체의 노력에 의해 조선인 명부 일부가 복원되었으며, 2000년대 이후 연구기관들이 관련 자료를 수집·공개하고 있으나, 전체적인 규모와 피해 실태에 대한 포괄적 정리는 여전히 과제로 남아 있다.

치쿠호탄전은 오늘날 산업 유산의 형태로 일부 갱도와 구조물이 보존되어 있으며, 후쿠오카현 내 몇몇 폐광 지역은 지역 박물관이나 관광지로 전환되었다.

우동윤_치쿠호탄전

우동윤_치쿠호탄전 위령비

# 미이케 탄광
三池炭鉱

미이케 탄광은 일본 후쿠오카현 오무타시와 구마모토현 아라오시에 걸쳐 위치한 대규모 석탄 채굴 단지로, 메이지 시기부터 일본 산업화를 견인한 대표적 탄광 중 하나이다. 일본의 중공업 성장을 뒷받침한 중요한 자원이었을 뿐만 아니라, 일제강점기에는 조선인과 중국인, 연합군 포로 등의 강제노동이 집중적으로 이루어진 인권 침해의 현장이기도 하다.

미이케 탄광의 역사는 1868년 메이지유신 직후로 거슬러 올라간다. 일본 정부는 국가 산업화를 추진하며 미이케 지역의 풍부한 석탄 자원에 주목했고, 이를 민간기업 미쓰이(三井)에 넘겨 개발을 본격화하였다. 이후 제2차 세계대전 전후까지 일본 최대의 석탄 생산지 중 하나로 성장했으며, 한때 일본 전체 석탄 생산량의 10% 이상을 차지하기도 하였다. 미이케는 지하 1,000미터 이상 깊이까지 석탄을 채굴하는 깊은 수갱(竪坑) 구조였고, 1960년대까지 가동되며 일본 산업 발전의 중심축 역할을 수행하였다.

국무총리실 소속 대일항쟁기 강제동원 피해조사 및 국외강제동원 희생자 등 지원위원회의 보고서에 따르면,

미이케 탄광에는 1940년부터 1945년 사이 약 8,000명 이상의 조선인 노동자가 강제로 동원되었다. 이들은 대부분 고향에서 알선, 유인, 또는 징용의 형태로 일본에 끌려와 광산 깊숙한 갱도에서 위험하고 고된 노동을 감내해야 했다. 당시의 노동 조건은 매우 열악하여, 중장비 없이 삽과 곡괭이에 의존해 석탄을 캐는 수작업이 주를 이뤘고, 환기 부족과 붕괴 위험으로 인해 사고와 사망도 빈번했다.

특히 미이케에서는 전쟁 말기 일본군의 군수물자 확보를 위한 인력 동원과 감시가 심화되었으며, 탈출을 시도한 노동자는 구타 또는 사망에 이르기도 했다. 심각한 차별적 처우와 불충분한 식사, 의료 부재, 임금 체불 등 인권침해는 일상적이었다. 이들은 법적으로도 '노무자'로 분류되어 강제노역을 합법화하는 명분 아래 보호받지 못한 채 전시 동원 체제에 편입되었다.

전후에도 미이케 탄광은 노동 문제로 악명이 높았다. 1960년에는 일본 노동운동사에서 최대 규모의 노동쟁의 중 하나로 기록되는 '미이케 쟁의(三池争議)'가 발생하였다. 당시 경영 합리화를 이유로 미쓰이 그룹이 대규모 정리해고를 시도하자, 노조는 이를 저지하고 노동자의 생존권을 보호하기 위해 312일간의 장기 파업에 돌입하였다. 이는 일본 현대사에서 자본과 노동 간의 극단적 대립을 보여준 대표적 사건으로 기록된다.

미이케 탄광은 1997년 공식적으로 폐광되었으며, 이후 일부 시설은 보존 처리되었다. 2015년 일본 정부는 미이케 탄광을 포함한 '메이지 일본의 산업혁명유산'을 유네스코 세계문화유산에 등재하였으나, 이 과정에서 조선인 강제노동 사실을 축소·왜곡했다는 비판이 제기되었다. 유네스코는 등재 당시 일본 정부에 "강제노동 희생자들을 기억할 수 있는 해석 전략을 마련하라"고 권고했으며, 이후에도 이행 여부에 대한 국제사회의 감시가 이어지고 있다.

현재 미이케 석탄기념관에서는 산업유산으로서의 미이케의 역할만 강조될 뿐, 강제동원 피해자에 대한 서사는 부족하다는 지적이 있다. 이처럼 미이케 탄광은 일본 근대 산업의 상징임과 동시에, 제국주의와 전쟁, 식민지배로 인한 인권 유린의 상징이기도 하다.

우동윤_미이케 탄광 위령비

우동윤_미이케 탄광

# 야하타 제철소
八幡製鐵所

야하타 제철소는 일본 후쿠오카현 기타큐슈시에 위치한 대규모 제철소로, 1901년 일본 정부가 세운 제국제철소(帝国製鉄所)로 출발하였다. 이후 일본의 중공업 성장과 전쟁 수행을 위한 철강 생산의 핵심 시설로 기능하였으며, 태평양전쟁기에는 일본 전체 철강 생산량의 절반 이상을 감당한 국가 전략 시설이었다. 이러한 야하타 제철소는 조선인 강제동원이 집중적으로 이루어진 대표적 장소 중 하나로, 한국인 피해자들의 인권침해가 구조적으로 자행된 현장이기도 하다.

야하타 제철소를 운영한 일본제철은 철강업계에서 조선인 징용을 가장 먼저 시행한 기업 중 하나다. 관련 기록에 따르면 1942년 약 1,777명의 조선인이 야하타 제철소에 동원되었으며, 1945년 종전 시점에는 약 2,808명이 남아 있었던 것으로 확인된다. 이후 일본의 생성의 전후 조사와 피해자 명부 등을 종합하면, 야하타 제철소에 동원된 조선인의 총 규모는 최소 3,389명에서 최대 3,820명에 이르는 것으로 파악된다. 시민조사단 보고서에서는 조선인 노동자 수가 약 4,000명에 달했을 가능성도 제기되고 있다.

조선인 노동자들은 고온의 용광로와 폭발 위험이 있는 제철소 작업 환경에 투입되어, 하루 12시간 이상의 교대 근무를 수행했다. 외출은 제한되었고, 의료 지원이나 임금 지급에서도 차별을 받았다는 증언이 남아 있다. 같은 시기 연합군 포로 약 1,190명도 야하타 제철소에 동원되었으나, 조선인에 대한 처우는 상대적으로 더 열악했던 것으로 기록되고 있다.

조선인 노동자들은 하루 12시간 이상 교대근무를 하며, 고온·고압의 제철 현장에서 기본적인 보호장비 없이 작업을 수행해야 했다. 증언에 따르면 아침 7시부터 저녁 6시까지 쉬지 않고 노동했으며, 공습이 발생해도 작업을 멈출 수 없었다. 노동자들은 일본인과 차별된 식사와 숙소, 치료 환경에 놓여 있었으며, 탈출을 시도하거나 불복종했을 경우에는 구타와 고문, 심지어는 살해까지도 자행되었다는 보고가 있다.

2015년 일본은 야하타 제철소를 포함한 '메이지 일본의 산업혁명 유산'을 유네스코 세계유산으로 등재하였다. 그러나 이 과정에서 조선인 등 식민지 인력의 강제동원 사실을 축소하거나 삭제한 채, 산업 유산으로서의 측면만을 부각시켰다는 비판이 제기되었다. 유네스코 자문기구(ICOMOS)는 일본 정부에 "강제노동 희생자들을 기억할 수 있는 해석 전략"을 마련하라고 권고했으며, 일본 정부는 등재 당시 "일부 외국인 노동자들이 본인의 의사에 반해 동원되었다"고 인정했으나, 이후 실제 전시물 및 안내판에는 이 내용이 제대로 반영되지 않았다.

야하타 제철소는 일본 근대화의 상징이자, 식민지 조선인의 강제동원과 인권침해를 집약적으로 보여주는 역사적 현장이다. 2025년 현재까지도 이곳의 역사 전시는 피해자의 관점이나 국제적 기준에 부합하는 방식으로 구성되어 있지 않으며, 일본 정부는 등재 당시 약속한 설명 개선 및 피해자 기억 보존 조치를 이행하지 않고 있다.

우동윤_야하타 제철소

# 오사리자와광산
尾去沢鉱山

오사리자와광산은 일본 아키타현 가즈노시에 위치한 유서 깊은 금속광산으로, 일본에서 가장 오랜 역사를 지닌 광산 중 하나이다. 이 광산은 일본의 대표적인 구리, 아연, 납 생산지로 산업 근대화 시기 일본 내 광업 및 중공업의 기반을 이루는 자원 공급처였다. 708년(와도 원년) 일본서기에는 금이 발견되어 도다이지 대불 건립에 사용되었다는 기록이 전해진다. 에도시대에는 막부 재정의 근간이 되었고, 메이지 유신 이후에는 정부 직영으로 운영되다가 1888년 미쓰비시 합자회사에 민영화되었다.

국무총리실 소속 대일항쟁기 강제동원 피해조사 및 국외강제동원 희생자 등 지원위원회의 보고서에 따르면 1940년부터 1945년까지 약 72만 4,000명의 조선인이 일본 본토로 강제 동원되었으며, 이들 중 다수가 광산과 공업시설에 배치되었다고 한다. 또, 일본 아키타현에 위치한 여러 광산에도 조선인이 강제로 동원된 사실이 확인되며, 오사리자와광산 또한 그 범주에 포함된다. 다만, 오사리자와광산에 동원된 조선인의 구체적인 인원이나 연도별 배치 규모에 대해서는 공식 통계가 확인되지 않는다.

일본 시민단체의 보고에 따르면, 오사리자와광산에는 1943년부터 1945년 사이 조선인이 강제 동원되어 채굴, 운반, 제련 등 고된 노동에 종사한 것으로 알려져 있다. 당시 노동자들은 장시간 노동과 열악한 작업 환경에 노출되었으며, 보호 장비 없이 위험한 장소에서 일하거나 정당한 임금을 지급받지 못한 사례도 보고되었다.

오사리자와광산은 1978년 폐광되었고, 이후 지역 정부는 해당 유산을 관광지로 조성하여 '오사리자와광산사 보존관'으로 활용하고 있다. 그러나 이 시설 내에는 조선인 강제동원 관련 전시는 거의 없으며, 역사적 맥락을 충분히 반영하고 있지 않다는 비판이 제기되고 있다. 특히 피해자 실태에 대한 공식 문서가 부족하고, 일본 정부의 책임 인정이나 피해자에 대한 보상도 아직 이루어지지 않았다.

우동운_오사리자와광산

# 조세이 탄광
長生炭鉱

조세이 탄광은 일본 야마구치현 우베시에 위치한 해저 탄광으로, 일제 강점기 조선인 강제동원의 대표적인 사례 중 하나이다. 이 광산은 1914년 본격적인 석탄 채굴을 시작하였고, 일본 내 해저형 탄광 중에서도 규모가 컸던 곳에 속한다. 1922년에는 수몰 사고로 인해 일시 폐쇄되었으나, 1932년 다시 채굴이 재개되었으며, 1941년에는 우베 지역에서 세 번째로 많은 석탄을 생산한 주요 탄광으로 성장하였다. 광산은 1945년 일본 패전과 함께 폐광되었다.

일제강제동원피해자지원재단의 조사에 따르면, 조세이 탄광에는 1939년부터 1942년까지 총 1,258명의 조선인이 동원되었으며, 이 중 831명은 경상북도 출신이었다. 조선인 노동자들은 극도로 열악한 환경에서 고강도의 해저 채탄 작업에 투입되었다. 하루 12시간 이상의 중노동이 일반적이었으며, 갱내 환경은 통풍과 배수 시설이 미비해 항상 수몰과 산소 부족의 위험이 상존하였다. 숙소는 감시가 가능한 울타리 내에 설치되었고, 외출은 제한되었으며, 임금은 현금으로 제대로 지급되지 않고 강제저축 형태로 전환되었다. 조선인 노동자들은 기본적인 안전장비 없이 고위험 작업을 수행하였으며, 언어적 차별과 물리적 폭력에도 노출되었다.

1942년 2월 3일에는 조세이 탄광 역사상 가장 참혹한 사고가 발생하였다. 해저 갱도가 바닷물에 잠기면서 조선인 노동자 136명과 일본인 노동자 47명이 사망한 대규모 수몰 사고가 일어난 것이다. 이 사고 이후에도 갱구는 봉쇄된 채 방치되었고, 조선인 사망자들의 시신은 제대로 수습되지 못한 채 바다 속에 남겨졌다.

오랜 시간 일본 내에서도 잊힌 비극으로 남아 있다가, 1991년부터 일본 시민단체 '조세이 탄광의 수몰사고를 역사에 새기는 모임'을 중심으로 피해자 명부와 사고 경위를 복원하려는 움직임이 본격화되었다. 덕분에 조선인 사망자 명단이 최초로 공개되었고, 한국 시민사회와 연대하여 추모 및 유해 발굴 작업이 진행되었다. 2024년에는 한일 공동 시민 잠수사들이 수중 탐사를 통해 갱구 진입을 시도했으며, 2025년에는 83주기 추모식을 열고 유족 대상 유전자 감식 조사를 추진하였다.

현재까지도 일본 정부는 조세이 탄광 사고에 대해 공식적인 사과나 배상, 유해 수습을 진행하지 않고 있으며, 해당 유적지에 조선인 강제동원과 관련한 설명이나 추모 시설은 마련되지 않았다. 이에 한국 정부와 유족, 시민사회는 일본 정부에 대해 진상 규명과 유해 수습, 추모 및 교육 공간 마련 등을 지속적으로 요구하고 있다.

우동윤_**조세이 탄광 추도광장**

우동윤_**조세에 탄광 피야(ピーヤ)**

# 03

인골로 쌓은 댐

고보댐
다자와호 히메관음상
미야시타댐
쇼와못
쓰가댐

일제강점기 말기, 일본은 전시 자원 확보를 위해 전국 곳곳에
수력발전소와 댐, 수로, 저수지를 건설했다. 이 과정에서
식민지 조선의 젊은 노동력은 가장 먼저 동원되었고,
가장 위험한 작업에 배치되었다. 고보댐, 다자와호 수로,
미야시타댐, 쓰가댐, 쇼와못 등 일본 각지의 댐 건설 현장은
조선인 강제노동의 대표적 현장이었으며 많은 노동자가
사망하거나 유해도 수습되지 못한 채 그 자리에 매장되었다.

이들 시설은 깊은 산간이나 오지에 위치해 있었고, 건설
노동은 대부분 중장비 없이 삽과 곡괭이에 의존한 수작업으로
이루어졌다. 하루 10시간 이상 이어진 고강도 작업, 부실한
숙소와 식사, 의료조치의 부재, 감시와 구타는 일상이었고,
추락사·과로사·질병·폭력에 의한 사망이 빈발했다. 일부
현장에서는 조선인 노동자가 사고로 사망하면 별도 처리
없이 시멘트를 부어 공사를 계속했다는 증언도 존재한다.
'인골댐'이라는 명칭은 여기서 유래했다.

사망자 다수는 실명조차 남기지 못했고, 일본 정부는
유족에게 사망 사실조차 제대로 통보하지 않았다. 위령비나
안내판 없이 방치된 현장이 대부분이었고, 일부는 지역
시민단체와 유족, 한일 공동 조사에 의해 뒤늦게 기록되기
시작했다. '인골로 쌓은 댐'은 전시 동원의 물리적 기반이자,
침묵 속에 사라진 식민지 조선인의 흔적이 겹쳐진 공간이다.

# 고보댐
高暮ダム

고보댐은 히로시마현 미요시시 고야초 일대에 위치한 다목적 댐으로, 1940년 3월 착공되어 전시체제의 전력확보와 수자원 관리를 위한 목적으로 개발되었으며, 전시 중단과 재개를 거쳐 1949년 완공되었다. 총 건설 기간 중 일본은 전력 및 인프라를 군사·산업적으로 운용하기 위해 식민지 조선인의 인력 동원을 적극 활용했다.

1989년, 일본 시민단체의 자료에 따르면, 히로시마현에 위치한 고보댐 건설공사에는 1940년경 약 2,000명의 조선인 노동자가 동원된 것으로 기록되어 있다. 이들은 전시 동원 체제 하에서 일본 내 각지에서 모집되어 고보 지역으로 이송되었으며, 위험하고 열악한 환경에서 장시간 중노동에 투입되었다고 전한다.

게다가 "아까 그 댐… '인골댐'이라 불렀다"는 증언이 전해진다. '인골댐'은 당시 현지 주민 및 생존자 증언을 통해 널리 알려졌으며, "죽은 노동자를 그대로 매장하고 콘크리트에 뼈가 섞였다"는 이야기에서 유래한다. 실제로 고보댐의 높이는 70미터로 당시로서는 보기 힘든 높은 댐이었다. 공사 당시 추락사고가 잦았는데 조선인이 추락하면 구조하지 않고 시멘트를 덮어 그대로 공사를 진행했다고 한다. 이곳 뿐만이 아니라 당시 댐이든 건물이든 사람의 피와 뼈가 섞여야 튼튼하게 지어진다는 미신 같은 이야기가 횡행했고, 희생의 대상은 주로 조선인이었다는 증언들을 일본 전역의 강제 동원 현장에서 들을 수 있었다고 한다.

강제동원된 조선인 노동자들은 댐 본체를 형성하는 제방 축조 작업을 비롯해, 콘크리트를 부어 넣는 타설 공정, 터널과 수로 굴착, 수몰 예정지 정리 등 고강도 토목 공사에 투입되었다.

그들은 하루 12시간 이상 노동, 식량·의복·의료의 열악함, 언어장벽과 감시 아래 방치되었으며, 현장 감독의 폭언·구타 증언도 존재한다. 현지 주민 증언에 의하면, 100명 이상이 사망했으며, 실제로 유해 6구가 2003년 초 시민 조사단에 의해 발굴되었다. 유해는 한국 천안 망향의 동산에 봉환됐으며, 사죄비 제막식도 함께 거행되었다.

1993년부터 지역 주민·시민단체들이 '고보댐 강제연행을 조사하는 모임'을 결성하여 증언 조사 및 추도 운동을 전개했다. 1995년에는 고보댐 조선인 희생자 추모비가 제막되었으며, 추도비 뒷면에는 조선인이 연행됐다는 표현과 잔혹한 식민지배에 대해 반성한다는 문구가 새겨져 있다. 강제로 끌고 갔다는 뜻의 '연행(連行)'이란 표현도 새겨져 있다.

우동윤 _ 고보댐

우동윤 _ 고보댐 추도비

# 다자와호 히메관음상
田沢湖 姫觀音像

일본은 1930년대 말, 동북 지방의 전력난을 해결하기 위해 다자와호의 물을 이용해 수력발전을 하기로 하고 수력발전소로 물을 끌어갈 도수로를 건설했는데 이 공사에 조선인 5,000여 명이 강제 동원됐다. 1944년 공사현장의 터널이 붕괴되어 100명 이상의 조선인 노동자들이 매몰되거나 질식하여 목숨을 잃었다.

히메관음상은 1939년에 세워졌다. '히메'는 공주라는 뜻이고 '관음'은 우리가 알고 있는 관음보살의 그 관음인데 이 두 단어를 붙여 놓은 것이 영 어색하다. 일본이 밝힌 히메관음상의 공식적인 건립 이유는 두 가지다. 첫 번째는 공사의 영향으로 다자와호의 물이 급격하게 산성화되면서 대량 폐사한 토종 물고기를 위로하기 위해서, 두 번째는 오랜 옛날 호수 근처에 살던 여자가 영원한 아름다움과 젊음을 갈구하다가 다자와호를 지키는 히메관음이 됐는데 공사로 다자와호가 더럽혀졌으니 히메관음에게 사죄하기 위해서라는 것이다.

하지만 20여년 전 재일교포 미술수집가인 하정웅 선생이 인근 사찰에서 히메관음 건립 취의서를 발견하면서 이같은 설명은 거짓임이 드러났다. 1939년 작성된 건립문에 공사 도중 숨진 조선인의 넋을 위로하기 위해 히메관음상을 세웠다고 적혀 있었던 것이다. 1993년 8월부터 히메관음상 앞에서 위령제가 열리는 등 추모 행사가 이어져 오고 있지만 거짓 설명이 적혀 있는 안내판은 여전히 히메관음상 앞에 세워져 있다.

우동윤_다자와호 히메관음상

우동윤_다자와호 히메관음상

우동윤_ 다자와호 도수로

# 미야시타댐
宮下発電所ダム

미야시타댐은 일본 후쿠시마현 오누마군 미시마정 지역에 위치한 수력발전용 댐으로, 1940년대 전시 체제하 일본의 산업 전력 수요 증가에 대응하기 위해 건설되었다. 이 댐은 발전소와 도수로, 인프라 전반을 포함하는 대규모 공사였으며, 일본 내 다수의 대형 건설 현장과 마찬가지로 조선인과 중국인 노동자들이 강제 동원되어 작업에 투입되었다.

후쿠시마현 미시마정의 미야시타댐 남쪽 도로변에는, 1950년 4월 일본의 전력회사였던 일본발송전과 시공사인 전(前) 다건설공업의 주도로 세워진 위령탑이 있다. 이 위령탑은 높이 약 1.9미터, 각 면 너비 1~1.7미터 규모의 다각형 석조 구조물로 구성되어 있다. 위령탑 뒷면에는 미야시타댐 건설에 참여했다가 희생된 노동자들의 이름이 새겨져 있으며, 조선인 24명, 중국인 11명, 일본인 23명 등 총 58명의 이름이 국적별로 구분되어 기록되어 있다. 이 숫자는 비문을 통해 확인된 내용으로, 댐 공사 중의 전체 사망자 수를 의미하는 공식 통계로 단정되지는 않는다.

조선인 노동자들은 주로 수로 굴착, 발전소 터전 조성, 콘크리트 타설과 같은 고위험·고강도 작업에 투입되었으며, 열악한 노동 조건과 부실한 안전 관리 속에서 다수가 목숨을 잃었다. 특히 일본인 노동자에 비해 작업 조건과 숙식, 보건 환경에서 열악한 대우를 받았다는 증언이 일본 시민사회와 일부 연구자들에 의해 제기되어 왔다. 위령탑에 조선인 희생자 수가 일본인보다 많은 것은 이러한 차별적 구조 속에서 위험도가 높은 작업에 우선 배정되었음을 시사한다.

위령탑이 전력회사 주도로 건립되었다는 점은 기업 차원의 책임 인식이 일정 부분 존재했음을 보여주며, 동시에 당시 산업 개발의 이면에서 존재한 조선인 강제동원의 실체를 구체적으로 증언하는 물적 증거다.

한편, 미야시타댐은 현재까지도 발전 시설로 기능하고 있으나, 조선인 강제동원 피해자에 대한 별도의 기념이나 안내판은 설치되지 않은 상태이다.

우동윤_미야시타댐

우동윤_미야시타댐 위령탑

# 쇼와못
昭和池

쇼와못은 일본 효고현 가토시 위치한 소규모 농업용 저수지로, 1930년대 초 일본 정부의 농업 기반 확충 정책에 따라 건설되었다. 이 저수지는 간척지 개발과 농지 확장을 목적으로 계획되었으며, 조선인 노동자들이 동원된 현장 중 하나다.

조선인 노동자들의 동원에 대한 직접적인 정부 자료는 부족하지만, 일본 시민단체의 조사에 따르면, 쇼와못 공사에는 1930년대 중반 조선인 약 20~30명이 노동력으로 동원되었으며, 이 중 일부는 공사 도중 사망한 것으로 알려져 있다. 이들의 이름이 새겨진 위령비가 저수지 인근에 위치하고 있으며, 이는 일본 내에 실명으로 조선인 피해자가 기록된 드문 사례 중 하나이다.

공사 현장에서 조선인 노동자들은 주로 제방을 쌓고 흙과 자갈을 나르는 토목 작업에 투입되었으며, 하루 10시간 이상의 고강도 노동을 강요받았다고 증언된다. 숙소는 간이 막사 형태로 제공되었으며, 위생과 식사는 열악한 수준이었고, 언어적 차이와 차별적 처우로 인해 심각한 인권 침해가 발생한 것으로 보고되었다.

이들 노동자들에게는 정당한 임금이 제대로 지급되지 않았고, 공사 중 사망하거나 다친 노동자에 대한 보상 역시 이루어지지 않았다.

쇼와못에는 공사중 희생된 이들을 기리는 위령비가 세워져 있으며 현지 주민과 시민단체에 의해 보존·관리되고 있다. 이 위령비에는 조선인 피해자의 이름이 일본인과 함께 새겨져 있다. 그러나 이 위령비에 대한 설명이나 역사적 맥락은 공식적으로 제공되지 않고 있다.

우동윤, 쇼와못

우동윤_쇼와못 위령탑

우동윤. 위령탑 뒷면에 조선인 사망자 4명, 일본인 사망자 3명의 이름이 새겨져 있다

# 쓰가댐
津賀ダム

쓰가댐은 일본 고치현 시만토 지역에 위치한 수력발전용 소규모 댐으로, 1940년대 일본의 전시 자원 동원 정책 속에서 건설되었다. 당시 일본 정부는 군수 물자 확보와 농업 기반 정비를 명목으로 전국 각지에서 대규모 토목 공사를 추진하였고, 쓰가댐도 이러한 흐름의 일환으로 추진되었다.

일본의 민간 조사단체에 따르면, 당시 약 300명의 조선인이 현장에 투입되었다고 한다. 이들은 주로 일본 내 농촌 지역에서 모병 형식으로 모집되거나, 식민지 조선 내 강제 동원 명령에 따라 현장으로 이송되었다. 노동자들은 열악한 숙소에 머물며 하루 10~12시간 이상의 고강도 노동에 시달렸다. 주된 작업은 댐 본체의 석축 공사, 물길 확보, 수로 터널 굴착 등이었으며, 중장비 없이 대부분 삽과 곡괭이에 의존한 수작업이었다.

당시 공사 현장에서는 작업 중 발생한 사고나 과로, 질병 등으로 인해 사망자가 다수 발생하였으며, 현지 시민단체와 연구자들은 최소 5명 이상의 조선인 노동자가 목숨을 잃은 것으로 보고하고 있다. 그러나 사망자 명단이나 정확한 동원 경위에 대해서는 일본 정부의 공식적인 자료가 거의 없으며, 대부분은 시민 조사와 지역 주민의 증언을 통해 확인되었다. 2009년 고치현 주민과 시민단체, 그리고 한일 교류단이 중심이 되어 댐 인근에 '쓰가댐 평화기념비'를 세웠다. 제막식에는 약 50명의 지역 주민과 한국계 방문객, 고등학생들이 참여하였으며, 이후로도 한일 간 청소년 교류 행사가 꾸준히 이어지고 있다.

우동윤_쓰가댐

# 04

**침목 하나에 조선인 한 명**

**고베전철**
**아마루베 철교**
**오모시로야마코겐역**
**오코바역**
**이코마터널, 보덕사와 조선사**

일제는 식민지 조선을 수탈의 대상으로 삼았을 뿐 아니라, 자국 내 산업 인프라 확장과 교통망 구축을 위한 값싼 노동력으로도 활용했다. 특히 일본 전역에서 추진된 철도 건설 현장에는 조선인 노동자들이 대거 투입되었고, 그 중 다수는 터널 굴착, 교량 건설, 침목 설치 등 가장 위험하고 고된 작업에 동원되었다. 그들은 기술도 장비도 없이 험준한 산악 지형과 암반을 깎아 철로를 내는 공사에 내몰렸고 수많은 이들이 목숨을 잃었다.

효고현 고베전철 부설공사, 아마루베 철교, 규슈의 오코바역, 오사카와 나라를 잇는 이코마터널, 센잔선 오모시로야마코겐역 등은 조선인 철도노동자들의 희생이 추도비나 증언을 통해 확인된 대표적 사례들이다. 공사 중 낙반, 매몰, 추락사 같은 사고는 빈발했으며, 일본인보다 낮은 임금을 받았고 울타리 안 숙소에 격리된 채 강제저축과 외출 제한, 의료 방치 등 이중의 차별을 겪었다.

일부 지역에서는 "침목 하나에 조선인 한 명이 죽었다"는 말이 전해질 정도로 조선인 노동자의 희생은 구조화되어 있었다. 이들의 이름은 대부분 기록되지 않았고, 위령비 하나 없는 현장이 더 많았다. 그러나 1990년대 이후 일본 시민단체와 연구자, 재일동포들의 노력으로 이러한 사실이 하나둘 발굴되기 시작했고 그들의 이름과 삶이 비로소 공적 기억 속에 들어오기 시작했다. 이 장은 철도의 침목 아래 묻힌 조선인들의 흔적을 따라간다.

# 고베전철
神戸電鉄

1927년부터 1936년 사이, 일본 효고현 고베시 일대에서는 고베전철의 부설공사가 진행되었다. 이 전철 노선은 고베 도심과 아리마 온천, 미키 지역을 연결하기 위한 산악 구간 공사로, 극히 험준한 지형을 따라 터널, 절개, 교량 등의 구조물이 집중적으로 시공되었다. 당시 일본은 대공황 극복과 전시체제 인프라 강화를 위해 대규모 토목사업을 전국적으로 추진하고 있었으며, 고베전철 공사도 이러한 시대적 흐름의 일환이었다. 문제는 이 공사 과정에서 다수의 식민지 조선인 노동자가 강제적으로 동원되었고, 열악한 환경에서 목숨을 잃거나 중상을 입었다는 점이다.

고베전철 아리마선 건설에는 약 900명의 조선인 노동자가 동원된 것으로 시민조사단 '고베-서울 연구회'의 조사에서 확인되었다. 특히 아리마선 터널 굴착 작업과 같은 고위험 공정에 주로 조선인들이 배치되었으며, 낙반, 폭파, 매몰 등의 위험에 노출되어 있었다.

가장 큰 사고로는 1936년 1월 26일 발생한 아이나 터널 붕괴 사고가 있으며, 이 사고로 최소 6명의 조선인 노동자가 사망한 것으로 확인되었다. 그 외의 사고를 포함하면 조선인 사망자는 총 13명으로 집계되고 있다.

조선인 노동자들은 일본인 노동자보다 낮은 임금을 지급받았고, '강제저축'이라는 명목으로 임금의 일부가 송금되지 않거나 지급이 지연되는 사례가 빈번하였다. 또한, 이들이 거주했던 합숙소는 울타리로 둘러싸여 있었고 외부 출입이 제한되었으며, 부상이나 병을 입어도 제대로 된 의료 접근이 불가능했다. 일부 증언에 따르면, 이들은 일본어가 불가능한 상태에서 작업 지시를 받았으며, 이를 이유로 폭언과 체벌을 겪는 사례도 있었다.

이러한 역사적 사실은 1990년대 이후 일본 시민사회를 중심으로 주목되었다. 1993년부터 고베 학생·청년센터는 조선인 노동자 희생자 명단을 수집하고, 유가족 및 증언을 확보하는 활동을 전개하였다. 이러한 노력으로 1996년 11월, 고베시 에게야마 공원에 조선인 희생자 13명을 추모하는 기념 동상을 건립했다. 그러나 일본 정부나 고베시 당국은 여전히 이 사안에 대해 공식적인 교육이나 역사기록을 반영하지 않고 있다.

우동윤_고베전철

우동윤_고베전철 조선인 노동자의 상

# 아마루베 철교
余部橋梁

아마루베 철교는 일본 효고현 미카타군 가미정에 위치한 산인본선의 핵심 교량으로, 일본 근대 철도사의 상징적 구조물이다. 원형 철교는 1909년 12월에 착공되어 1912년 3월에 완공되었으며, 길이 310.6미터, 높이 41.5미터, 총 공사비는 33만 1,535엔에 달하였다. 당시 기술로는 보기 드문 철제 트레슬(trestle) 구조물이었으며, 일본 해안지형의 단절된 철도망을 연결하기 위한 기술적 도전이자 정치·경제적 상징물로 기능하였다. 공사에는 25만 명 이상이 동원되었고, 그중 상당수는 외부 지역에서 동원된 노동자들이었다.

공사현장 인근의 하치만 신사에는 공사도중 희생한 이들을 기리는 초혼비가 세워져 있고, 일본인과 함께 조선인 노동자 7명의 이름이 새겨져 있다. 조선인 노동자들은 대부분 철교 공사 중 가장 위험한 작업에 투입되었다. 철강 부재의 운반, 터널 굴착, 고소 작업 등은 사고 위험이 높았고, 안전장비나 보호장치도 부족했다. 노동시간은 하루 12시간 이상이었으며, 노동자들은 언어적 고립, 숙소 부족, 식량과 의료의 열악함 속에서 작업에 임해야 했다. 일부 조선인 노동자는 병사하거나 추락사 등의 사고로 생명을 잃었고, 이에 대한 보상이나 기록은 거의 남아 있지 않다. 추도비 외에 공식적인 일본 정부의 자료는 없다. 현재 아마루베 철교는 새로운 콘크리트 교량으로 대체되었으며, 원형 철교의 일부는 기념시설로 보존되고 있다. 추도비 역시 그 자리에 남아 있으나, 그 역사적 의미를 설명하는 안내판이나 공공적 해설은 없다.

우동윤_아마루베 철교

우동윤_아마루베 철교

우동윤_아마루베 철교

우동윤_아마루베 초혼비

우동윤. 초혼비 뒷면에 조선인 사망자 7명의 이름이 새겨져 있다

# 오모시로야마코겐역
面白山高原駅

오모시로야마코겐역은 JR 동일본 소속 센잔선의 역으로, 해발 약 440미터의 산 속에 위치해 있다. 센잔선은 미야기현 센다이시와 야마가타현 야마가타시를 잇는 총연장 약 58킬로미터의 철도로, 1929년에 착공되어 1937년에 개통되었다.

일부에서는 이 철도 공사에 조선인 노동자 1,000여 명이 동원되었고 희생자도 있었다는 이야기가 전해지지만, 현재까지 조선인 강제동원과 관련된 구체적인 기록이나 공식 자료는 확인되지 않았다.

역사 뒤편에 순직비가 세워져 있으며, 뒷면에는 7명의 희생자 이름이 새겨져 있으나 이들이 조선인인지 여부는 명확하지 않다. 일제강점기 당시 조선인 이름을 일본식으로 바꾸어 기록한 사례가 있었던만큼 순직비에 새겨진 이름이 조선인인지 일본인인지 확인할 방법은 없다.

우동윤_**오모시로야마코겐역**

우동윤 오모시로야마코겐역

우동윤_오모시로야마코겐역

우동윤_오모시로야마코겐역 순직비

# 오코바역
大畑駅

오코바역은 일본 구마모토현 히토요시시의 히사쓰선 구간에 위치한 철도역으로, 일본의 험준한 산악 지형을 넘나드는 토목 기술의 상징적 사례로 알려져 있다.

히사쓰선은 규슈 남부의 히토요시와 가고시마 요시마쓰를 연결하기 위해 건설된 철도 노선으로, 이 일대는 구마강 협곡과 급경사를 따라 굴곡진 지형이 이어져 고난도의 철도 공사 기술이 요구되었다. 특히 오코바역 일대는 일본 유일의 루프형 선로와 스위치백 방식을 채택할 정도로 지형이 험준했다. 당시 철도국은 이 구간의 공사를 위해 외부 인력을 대규모로 모집했으며, 이때 조선인 노동자들이 최초로 집단적으로 동원되었다.

조선인 노동자들의 등장은 1907년으로 거슬러 올라간다. '오코바 철도공사 추도비'에 기록된 바에 따르면, 그 해 12월 조선인 1진 40명이 히토요시에 도착했으며, 이후 1908년 4월에는 조선인 노동자 수가 500명에 달했다. 이들은 대부분 경인선, 경부선 등의 조선 내 철도 건설에 종사한 경험이 있는 '숙련된 노동자'였으며, 일본 측 시공사인 하자마구미, 가지마구미 등에 의해 고용되었다.

공사 과정에서 조선인들은 돌 깨기, 터널 굴착, 철재 운반 등 위험하고 고된 작업에 집중적으로 투입되었다. 하루 12시간 이상의 장시간 노동은 물론, 열악한 숙소, 부족한 식사, 비위생적 환경 속에서 작업이 이뤄졌으며, 산악지형 특성상 낙석이나 추락 사고도 빈번했다. 1908년 3월 16일에는 조선인 노동자 최기남(崔吉南)이 공사 중 사망하였고, 그는 일본 구마모토현 신온센정에 세워진 추도비에 이름이 기록된 최초의 조선인 철도 노동자로 남아 있다.

이 추도비는 '철도공사 중 병사·사망자 추도기념비(鉄道工事中職斃病没者招魂碑)'라는 이름으로 현지에 남아 있으며, 조선인 노동자 13명을 포함해 총 50여 명의 이름이 새겨져 있다. 비석에는 이름, 사망일자, 연령, 출신지가 명기되어 있어 당시의 노동자 구성과 희생 양상을 구체적으로 보여준다. 이 비는 식민지 조선인의 존재가 일본 근대화의 인프라 현장에 깊숙이 뿌리내려 있었음을 입증하는 드문 사례로 평가된다.

오코바역은 단지 일본 철도의 토목 기술을 상징하는 장소가 아니라, 일제의 산업 인프라 확장 과정에서 조선인 노동자가 어떻게 동원되고 희생되었는지를 보여주는 살아 있는 기억의 현장이다. 추도비는 그들의 존재를 역사적 공적 기록으로 남긴 유일한 물증이자, 그 고통의 시간을 기억하게 하는 실존의 증거이다.

우동윤 오코바역

우동윤_오코바역

우동윤 **오코바역 위령비**

# 이코마터널
生駒トンネル

이코마터널은 일본 오사카부와 나라현을 연결하는 철도 터널로, 1911년에 착공하여 1913년에 완공되었다. 총 길이 약 3.2킬로미터에 달하는 이 터널은 험준한 이코마산맥을 관통하는 대형 구조물로, 일본 근대 철도 기술의 상징이자 오사카-나라 간 철도 연결의 핵심 인프라였다.

기록에 따르면, 이코마터널 건설에는 약 200명 이상의 조선인 노동자가 동원되었다. 일본의 건설업체들이 인력 부족 문제를 해결하기 위해 식민지 출신 노동자를 대량으로 수급한 사례이다. 조선인 노동자들은 대부분 터널 내 폭파 작업, 굴착, 암반 제거, 자재 운반 등 고위험·고강도의 공정에 투입되었다. 당시 그들은 열악한 숙소와 음식, 일본어 의사소통의 장벽, 극심한 차별과 감시 속에서 하루 12시간 이상의 노동을 강요당하였다.

1913년 1월 26일, 이코마터널 내부에서는 대규모 낙반 사고가 발생하였다. 이 사고로 인해 150명 이상이 갱도 안에 고립되었으며, 공식 사망자는 19명으로 기록되었다. 이 중 확인된 조선인 희생자는 4명이었다. 당시 구조 활동에도 조선인 동료들이 참여하였다는 기록이 남아 있으며, 이는 조선인 노동자들이 단순한 인력 그 이상으로, 일본 산업화 과정에서 중심적인 역할을 수행했음을 보여준다.

장용근_오사카 이코마터널

장용근_오사카 이코마터널

장용근_오사카 이코마터널

# 보덕사와 조선사
## 報德寺, 朝鮮寺

오사카부 히가시오사카시에 위치한 보덕사와 조선사는
일본의 근대 철도 건설 중 발생한 조선인 희생자들을 기억하는
공간으로, 특히 이코마터널 공사와 깊은 연관이 있다.

재일한국인 공동체가 조선인 강제노동 희생자들을
기리기위해 이코마터널 인근에 보덕사를 세웠다.
1977년에는 긴키닛폰철도주식회사가 '한국인 희생자 무연불
위령비(韓国人犧牲者無縁佛慰靈碑)'를 보덕사 경내에
세웠다. 이 위령비는 기업이 직접 세운 드문 추도비로, 당시
조선인 희생자들의 존재와 고통을 뒤늦게나마 드러낸
상징이라 할 수 있다.

이코마산에는 강제동원된 조선인들이 만든 작은 사찰이
남아 있는데 이를 통칭하여 조선사라 부른다. 조선사에는
고향에서 가져온 불상이나 한국식 위패가 모셔져 있었으며,
노동자들은 이곳에 모여 서로의 안부를 묻고 고통을 위로하며
망향의 한을 달랬다. 1985년 조사에는 60개 이상의 조선사가
확인되었으나 지금은 대부분 쇠락한 상태다.

장용근_이코마산 조선사

장용근_이코마산 조선사

장용근_이코마산 조선사

장용근_이코마산 보덕사

장용근_이코마산 보덕사

장용근_이코마산 보덕사

장용근_이코마산 보덕사

# 05　암호명 다마, 오키나와

**오키나와 평화기념공원**
**한의 비**

1945년, 오키나와는 일본 본토 방위를 위한 마지막 전장이었다. 일본군은 미군의 상륙에 대비해 조선인 수천 명을 군부(軍夫)로 강제 동원했다. 이들은 정글과 절벽 지대에서 포대 구축, 탄약 운반, 참호 굴착 같은 전투 보조 임무를 수행했으며, 대규모 공습과 지상전 속에 방패처럼 버려졌다. 무장도, 귀환 보장도 없이 사라진 이들의 존재는 일본 내부에서도 오랫동안 언급되지 않았다.

조선인 군부의 흔적은 전후에도 외면되었다. 유해는 돌아오지 못했고, 이름은 기록되지 않았다. 하지만 일본과 한국의 시민들이 그들의 삶과 죽음을 묻기 시작하면서, 오키나와 정글과 평화공원 곳곳에 조선인을 위한 위령비가 세워지기 시작했다. 요미탄손의 '한의 비', 마부니 언덕의 '한국인 위령탑', 그리고 한국 경북 영양의 '한의 비'는 일본이 지우려 했던 기억을 다시 세운 장소들이다. 이들은 침묵의 틈에서 만들어진 시민의 기억 장치이자, 억울한 희생을 기록하는 장소이다.

'다마'는 오키나와 전선에 파견된 조선인 부대원들을 일본군이 부르던 암호명이었다. 그러나 이 이름은 기록보다 먼저 망각되었고, 말해지기보다는 감추어져 왔다. 이제 우리는 그 암호를 다시 해독한다. 이 장은 오키나와 전선에서 강제 동원된 조선인의 존재를 드러내고, 그들을 위한 위령의 흔적을 따라가며 국가폭력과 침묵의 구조를 되묻는다.

### 오키나와 평화기념공원

오키나와 남부 이토만시 마부니 언덕에 위치한 평화기념공원 내에는 1975년 한국 정부가 건립한 '한국인 위령탑'이 자리하고 있다. 이는 일본군에 강제동원되어 오키나와 전선에 투입된 조선인 군부의 희생을 국가 차원에서 추모하고자 세운 공식적인 위령 시설이다. 한국인 위령탑에는 당시 확인된 한국인 365명의 이름과 북한인 82명의 이름이 새겨져 있다. 기록에 따르면 전체 오키나와 전투에서 희생된 조선인은 약 1만 명 이고, 그 중 1,000명 가량이 사망했다. 이 위령탑은 일본 내에서 드물게 조선인 희생자들을 국가적 차원에서 기리는 장소로, 일본 측 평화의 비와 병렬적으로 자리하고 있다.

### 오키나와 '한의 비'

오키나와현 나카가미군 요미탄촌의 정글지대에 자리한 오키나와 '한의 비'는 2006년 한국과 일본의 시민단체가 공동으로 건립한 조선인 군부 희생자 추모비이다. 제2차 세계대전 말기, 미군의 오키나와 상륙에 대비해 일본군은 수많은 조선인 군부를 이 지역에 강제 투입하였다. 이들은 포대 구축, 참호 굴착, 탄약 운반 등의 위험한 전투 보조 임무를 맡았으며, 미군의 공격으로 인해 대거 전사하거나 실종되었다. 오키나와 '한의 비'는 그런 조선인들의 희생을 기록하고, 이들의 존재조차 부정당했던 일본 내 기억의 부재에 대한 문제제기이기도 하다. 일본의 양심적 시민들과 한국의 인권 단체들이 연대해 이 비를 세웠으며, 현재까지도 매년 추모 행사가 개최되고 있다.

### 경북 영양 '한의 비'

경상북도 영양군 영양읍 남산 호국평화공원 내에 위치한 '한의 비'는 1999년 세워졌으며, 오키나와 전투에 강제동원되어 목숨을 잃은 조선인 노동자들의 억울한 죽음을 기리기 위한 민간 주도의 추모비이다. '한(恨)'이라는 글자를 비석 정면에 새겨 넣어, 말로 다 표현할 수 없는 고통과 원한의 감정을 형상화하였다. 이 비는 일본 오키나와에 세워진 동일한 이름의 추모비와 대응 관계를 이루며, 양국 시민사회가 공동으로 기억을 복원하고자 했던 결과물이기도 하다. 영양 '한의 비'는 일본에 강제 동원되어 목숨을 잃은 이들의 유골조차 돌아오지 못한 현실에 대한 한국 사회의 기억의 장치이며, 지역 시민단체와 종교계, 인권단체 등이 함께 참여해 조성한 상징적 장소이다.

우동윤_오키나와 평화기념공원

우동윤_오키나와 평화기념공원

우동윤_오키나와 한국인 위령탑

우동윤_오키나와 한의 비

우동윤_**경북 영양 한의 비**

우동윤_오키나와 정글 진지

우동윤_오키나와 한의 비

우동윤, 한의 비 조각가 긴조 미노루

# 06 생지옥 홋카이도

비바이 탄광
유바리 탄광
아사지노 비행장 터
다치마치곶
하코다테 조선인 위령탑
삿포로 한국인 순난자 위령비
니시혼간지 삿포로별원
모이와 희생자의 비
홋카이도 박물관
홋카이도 개척촌
아시베쓰 탄광
슈마리나이호 우류 제1댐

일제 강점기 일본 최북단 홋카이도는 조선인 강제노동의
실험장이자, 식민지 수탈의 극한이 실현된 공간이었다. 일본
정부는 전쟁 물자 확보와 산업 개발을 위해 긴적 자원이
부족한 홋카이도에 조선인 수천 명을 체계적으로 강제
동원했다. 이들은 탄광, 댐, 철도, 군사시설, 비행장 건설
현장에 투입되어 극한의 노동을 견뎌야 했고 그 과정에서
다수가 질병과 과로, 사고, 폭력에 의해 목숨을 잃었다.

비바이, 유바리, 아시베쓰 등지의 탄광은 대표적인 강제노동
현장이었으며, 하루 12시간이 넘는 중노동과 결악한
작업환경 속에 수많은 희생자가 발생했다. 삿코로 남부의
모이와 댐, 아사지노 비행장 등 공공 토목공사 현장도 예외가
아니었다. 겨울엔 혹한, 여름엔 환기조차 없는 막장에서
무장한 감시자 아래 일했던 조선인들은 종종 탈출을
시도했고, 발각되면 폭행과 살해로 이어지기도 했다. 많은
시신은 작업장 인근 야산에 암매장되었으며, 사망자 수조차
정확히 집계되지 않았다.

위령비와 납골당, 사찰에 안치된 유골들은 이들 희생자의
흔적을 보여주는 드문 증거이다. 삿포로 한국인 순난자

위령비, 하코다테 위령탑, 니시혼간지 삿포로별원
유골안치소는 일본 정부가 침묵한 피해의 실태를 민간이
기록하고 증언한 기억의 장소들이다. 그러나 대부분의 유해는
이름도 없이 떠났고, 돌아오지 못했다. '생지옥 홋카이도'는
단순한 과거사가 아닌, 오늘의 책임과 기억을 요구하는
역사이다.

# 비바이 탄광
美唄炭鉱

비바이 탄광은 일본 홋카이도 중앙부 비바이시에 위치했던 대규모 석탄광산으로, 일제강점기 조선인 강제동원의 대표적인 현장 중 하나이다. 이 광산은 미쓰비시 계열의 비바이 광업소에서 운영되었으며, 1920년대부터 1945년 태평양전쟁 종전까지 대규모의 조선인 노동자들이 채탄과 갱도 굴착 등의 중노동에 강제로 동원되었다. 이들은 주로 경상북도와 평안남도, 황해도 등지에서 조직적인 연행 및 모집을 통해 데려온 인원들로 구성되었으며, 노동 환경은 극도로 열악하였다.

비바이 탄광에서의 노동은 철저히 비인간적인 환경 속에서 이루어졌다. 조선인 노동자들은 일본인 노동자에 비해 낮은 임금을 받고 하루 평균 12시간 이상 탄광 내부에서 작업에 투입되었으며, 작업 중 폭행과 구타, 질식사고, 붕락 등의 위험에 늘 노출되어 있었다.

대일항쟁기 강제동원 피해조사 및 국외강제동원 희생자 등 지원위원회의 조사로 비바이 탄광의 1941년 폭발사고에서 조선인 징용자 32명의 신원을 확인했다. 이들 중 17명은 유골이 수습되지 못한채 갱도에 묻혔다. 1944년 사고에서도 사망자 109명 중 71명이 조선인이었다. 비바이 탄광에서 목숨을 잃은 조선인 희생자는 약 520여 명으로 추정된다. 광산에서 사망한 조선인 노동자의 시신은 제대로 수습되지 않은 경우가 많았으며, 일부는 탄광 인근의 절에 임시 매장되었다. 2004년 6월 일본 홋카이도 비바이 지역의 절인 죠코지에서는 조선인 유골 6구를 확인하고 이 중 일부는 한일 시민단체의 협력으로 서울로 봉환했다.

현재 비바이시에는 조선인 강제노동의 흔적을 기억하기 위한 위령비가 존재한다. 1977년 '광부의 비(炭鉱の碑)'라는 이름의 위령비가 설치되었고, 그 이후로도 시민단체와 학생들의 역사조사 활동이 이어지고 있다. 비바이 광업소의 역사와 강제노동 피해에 대한 일부 자료는 지역 박물관과 탄광기념관에 보존·전시되고 있다. 1990년대 이후 고등학생과 시민 연구자들이 중심이 되어 강제동원 실태를 조사하고, 피해자 후손들과의 연계를 통해 역사 기억 사업을 꾸준히 실천하고 있다.

우동윤_비바이 탄광

우동윤_ 비바이 탄광

우동윤_비바이 탄광

# 유바리 탄광
夕張炭鉱

유바리 탄광은 일본 홋카이도 유바리시에 위치한 대규모 석탄 채굴지로, 일제 강점기 조선인 강제동원의 대표적인 현장 중 하나이다. 이 광산은 19세기 말부터 본격적으로 개발되어 20세기 중반까지 일본 산업화의 핵심 에너지 자원 공급처 역할을 하였다. 특히 전시 동원체제가 본격화된 1930년대 후반 이후, 조선인 노동자들이 대거 강제 동원되었다.

1924년부터 1936년까지 북해도(홋카이도) 유바리 탄광에 모집된 조선인은 7,000명이 넘었다. 또 1940년부터 1945년까지 유바리 탄광과 헤이와 탄광에서 사망한 조선인은 238명으로 추정된다. 이는 단순 사고사뿐만 아니라 장시간 노동, 부실한 안전관리, 영양결핍, 질병 등이 복합적으로 작용한 결과로 분석된다. 조선인 노동자들은 일반 일본인 노동자와 달리 보호 장비 없이 작업을 수행하거나 심야 교대를 반복하는 등 불합리한 처우를 받았고, 생활 공간 또한 비좁고 비위생적인 집단 막사(hamba)로 제한되었다.

임금 지급은 형식적으로 이루어졌으나 실질적으로는 대부분이 강제 송금 또는 저축이라는 이름으로 차압되었다. 1940년 7월 기준, 유바리 인근 탄광에 배치된 조선인 노동자 279명 중 125명이 월 평균 32.34엔을 송금한 기록이 있으며, 이 중 송금자 비율은 전체의 44.7%를 차지한다. 이는 일본인 노동자보다 훨씬 낮은 액수이며, 자율적 사용이 어려운 구조였다. 일부 연구에 따르면 조선인과 일본인 간 평균 임금 격차는 40% 이상 벌어졌으며, 작업량은 동등하거나 그 이상이었다.

홋카이도 유바리시 스헤히로 묘지에는 1930년 경 유바리 탄광에서 노역을 한 조선인들이 작업도중 사망한 동료를 기리고자 세운 '유바리 신령의 묘'가 있다.

유바리 탄광은 1980년대까지 운영되다 석탄 수요 감소로 인해 폐광되었고, 일부 구역은 유바리 석탄 역사박물관 등으로 재정비되었다.

우동윤_유바리 탄광

우동윤_유바리 탄광

우동윤_ 유바리 신령의 도

# 아사지노 비행장 터
浅茅野飛行場址

구 일본육군 아사지노 비행장 부지 및 철로 건설 현장은 태평양전쟁기 홋카이도 북부에서 진행된 대규모 군사 토목공사 중 하나로, 조선인 강제동원의 대표적 사례로 기록된다. 이 비행장과 연결 철로 건설에는 1942년부터 1945년까지 약 300명의 조선인이 동원되었으며, 이들 중 99명이 혹독한 환경과 인권침해로 인해 사망한 것으로 일부 연구에서 보고되었다.

당시 일본은 홋카이도를 소련 견제를 위한 군사적 요충지로 간주하고 군용 비행장과 철도망을 확충하고 있었으며, 이를 위해 식민지 조선에서 노동력을 강제로 동원하였다. 아사지노 비행장은 홋카이도 북부 나요로시 인근의 인적 드문 삼림 지역에 조성되었고, 항공기 이착륙을 위한 활주로와 격납고, 보급창고 등의 군 시설이 집중 배치되었다. 이에 따라 장비와 자재 수송을 위한 철도 공사도 병행되었으며, 조선인 노동자들은 이 두 시설 모두에 투입되었다.

이들은 삿포로 등을 통해 홋카이도로 이송된 후, 인근 산림을 개간하고, 토사를 옮기며, 침목과 레일을 설치하는 고강도의 중노동에 시달렸다. 기후는 혹한이 지속되는 북부 지역이었고, 임시로 설치된 '함바(hamba)'라고 불리는 수용소에서 좁은 공간에 밀집해 생활했다. 난방이나 위생시설이 미비하여 겨울철 동사와 질병 사망이 잦았고, 작업 중 안전장비 미비로 인한 사고도 빈번했다. 특히 일부 조선인은 탈출을 시도하다 체포되어 구타 끝에 사망하기도 했다.

사망자의 상당수는 근처 야산이나 작업장 인근에 비밀리에 매장되었고, 사망 원인이 '병사', '폐렴', '사고사' 등으로 허위 기재된 경우가 많았다. 일부 매장허가증에는 실제 사망 장소가 기재되지 않거나, 신원을 숨기기 위한 조작 흔적이 발견되었다. 이는 당시 일본 군과 행정 당국이 강제노동의 실태와 사망자 규모를 조직적으로 은폐하려 했음을 보여준다.

우동윤_아사지노 비행장 터

우동윤_아사지노 비행장 철로 흔적

# 다치마치곶
## 立待岬

우동윤_다치마치곶

다치마치곶은 홋카이도와 혼슈 사이에 있는 쓰가루 해협을
조망할 수 있는 곳으로 멀리 혼슈 땅이 보인다. 하코다테가
위도상으로 북한의 최북단인 청진과 러시아 블라디보스톡
사이에 위치해 있는만큼 다치마치곶에서 바라보면 혼슈 저
너머에 한국이 있는 셈이다. 하코다테에 끌려온 조선인들도
보이지 않는 고향땅을 상상하며 그리움을 달래기 위해
다치마치곶을 찾았다고 한다.

태평양 전쟁 당시 하코다테에도 조선인 위안부가 있었다고
하는데 위안부들은 시간이 날 때마다 다치마치곶에 와서 멀리
있는 고향을 그리워했고 누군가는 절벽 아래로 몸을 던졌다고
전해진다. 실제 1940년대 하코다테 지역 신문에 조선인 여성
2명의 투신 자살 기사가 실리기도 했다. '다치마치'는 서서
기다린다는 뜻으로 홋카이도 원주민인 아이누족이 여기에서
물고기를 기다렸다고 해서 붙은 이름이라고 한다.

# 하코다테 조선인 위령탑
函館 朝鮮人慰霊塔

하코다테 조선인 위령탑은 일제강점기 일본 홋카이도 하코다테 지역으로 강제동원되어 희생된 조선인들을 추모하기 위해 1990년 8월 15일 세워진 추모시설이다. 이 위령탑은 재일조선인총련합회 하코다테지부를 중심으로, 지역 주민들의 성금과 시 당국의 협조를 받아 건립되었으며, 높이 180센티미터, 너비 105센티미터의 화강암 구조물로 이루어져 있다. 대좌(받침대) 높이는 35센티미터이며, 탑 전면에는 '朝鮮人慰霊塔'이라는 글자가 새겨져 있다.

이 위령탑은 하코다테시 후나미정 공동묘지 부근, 조용한 언덕에 위치해 있으며, 강제동원 중 사망한 조선인 6구의 유골과 귀환하지 못하고 현지에서 사망한 조선인 15구의 유골이 위령탑 뒤편 납골당에 안치되어 있다. 유골은 지역 주민들이 옛 국철 마쓰마에선(松前線) 건설 현장 인근과 하코다테 시내에서 발굴한 것으로, 조선총련 하코다테지부가 수습하여 추모 공간으로 옮긴 것이다.

위령탑은 조선인 강제동원이 일본 본토 북단인 홋카이도 지역까지 이루어졌음을 보여준다. 당시 조선인들은 하코다테를 비롯한 홋카이도의 도로 개설, 철도 건설, 항만 정비, 광산 채굴 등 열악하고 위험한 현장에 투입되었으며, 특히 마쓰마에선 공사 과정에서 다수의 인명 피해가 발생한 것으로 알려져 있다.

하코다테 조선인 위령탑은 일본 내 다른 지역 위령비에 비해 잘 알려져 있지 않지만, 홋카이도에서 강제동원된 조선인 노동자들의 존재를 보여주는 드문 사례 중 하나이다. 다만 위령탑이 위치한 장소가 외진 데다, 역사적 설명판이나 일반 시민을 위한 접근 정보가 부족해 기념 공간으로서의 기능은 아직 부족하다.

우동윤_ 하코다테 조선인 위령탑

# 삿포로 한국인 순난자 위령비
## 韓國人殉難者慰靈碑

삿포로 서부에 위치한 '평화의 폭포(平和の滝)' 공원은 조용한 삼림과 작은 폭포가 어우러진 자연 공간이지만, 이곳에는 일본의 식민지 지배 시기 강제동원되어 희생된 조선인을 추모하기 위한 역사적 유산인 '삿포로 한국인 순난자 위령비'가 자리하고 있다. 이 위령비는 1960년 6월 25일, 재일대한민국거류민단 홋카이도 본부(이하 민단 홋카이도 본부)의 주도로 건립된 것으로, 전후 일본에서 가장 이른 시기에 세워진 조선인 강제동원 희생자 추모비 중 하나이다.

위령비는 큰 자연석 위에 '韓國人殉難者之慰靈碑'라는 한문 문구가 새겨져 있으며, 서체는 당시 민단 홋카이도 본부의 단장이었던 남원이 직접 쓴 것으로 알려져 있다. 이 비석은 단순한 기념 조형물이 아니라, 강제노동으로 인해 목숨을 잃은 조선인들을 위한 민간 차원의 자발적인 추모 행위의 상징으로 의미를 지닌다.

홋카이도 지역은 일본 제국주의 시기 조선인 강제노동의 주요 무대 중 하나였다. 특히 탄광, 철도, 도로, 군사 시설 건설 등 각종 인프라 사업에 다수의 조선인들이 동원되었고, 그 과정에서 수많은 희생자가 발생했다. 위령비에는 구체적인 희생자 수가 적시되어 있지 않지만, 건립 주체인 민단 측은 당시 공사 중 사망한 조선인들의 넋을 기리기 위한 것임을 분명히 밝혔다. 삿포로를 포함한 홋카이도 각지에서는 일제강점기 중 약 4만여 명의 조선인이 강제동원되었고, 그 가운데 상당수가 광산 사고, 질병, 혹독한 노동환경으로 인해 목숨을 잃었다고 기록되어 있다.

민단 홋카이도 본부는 매년 8월 15일 광복절을 맞아 이곳에서 '조선인 순난자 위령제'를 개최하고 있다. 위령제는 한일 양국의 시민단체와 유족, 지역 사회가 함께 참여하는 추모 행사로 자리 잡았으며, 이 지역이 단순한 공원을 넘어 역사적 기억의 공간임을 환기시킨다.

우동윤, 삿포로 한국인 순난자 위령비

# 니시혼간지 삿포로별원
## 西本願寺 札幌別院

홋카이도 삿포로 시내에 위치한 니시혼간지 삿포로별원은, 일제강점기 홋카이도에 강제 동원되어 사망한 조선인·중국인 노동자들의 유골을 안치한 역사적 공간이다. 2002년 12월 민단 신문 보도에 따르면 조선인 69구, 중국인 5구, 일본인 6구를 포함한 총 101구의 유골이 니시혼간지 삿포로별원에서 발견되었다고 한다.

2015년에는 홋카이도 여러 현장에서 발굴된 유골 115구가 한국으로 이송되었는데, 이 가운데 니시혼간지 삿포로별원의 유골 중 71구가 포함되었다.

이처럼 니시혼간지 삿포로별원은 일제 강제동원 희생자 유골이 다수 안치된 장소로서, 비공식이지만 가장 많은 사망자 유골이 집약된 현장이다.

최덕순_니시혼간지 삿포로별원

최덕순_ 니시혼간지 삿포로별원

# 모이와 희생자의 비
藻岩犠牲者の碑

홋카이도 삿포로 남구 모이와산 기슭에 위치한 '모이와 희생자의 비'는 1994년 6월 11일에 건립된 조형물로, 1930년대 중반 홋카이도전력(당시 '北海水力電気')이 착공한 모이와발전소와 정수장 건설 시기에 지하 도수로 공사에 투입되었던 노동자들의 희생을 기리기 위해 조성되었다.

당시 공사 현장에는 약 4,000명의 노동자가 투입되었으며, 그중 최소 80명이 사망했고, 공식 비문에는 조선인 5명을 포함해 총 34명이 사망한 것으로 명시되어 있다. 조선인 노동자들은 '다코베야'라 불리는 폐쇄적이고 열악한 합숙소에서 생활하며, 감시·폭력·과로에 노출되었으며, 병약자에게는 의약품이 제대로 제공되지 않았고, 일부는 생매장 또는 형사 처벌적 구타로 사망까지 이르렀다. 이러한 내용은 비문에도 새겨져 있어 당시 열악한 노동 현실을 생생히 전하고 있다.

이 조형물은 높이 약 4미터의 브론즈 인물상이 곡괭이 네 개 위에 서 있는 형태로, 하부에는 사실을 전하고 희생자를 기리는 비문이 부착되어 있다.

최덕순_ 모이와 희생자의 비

최덕순_ 모이와정수장

최덕순_모이와정수장

# 홋카이도 박물관
北海道博物館

홋카이도 박물관은 일본 홋카이도 삿포로시 아쓰베쓰구 노포로 신린 공원 내에 위치한 현립 종합 박물관으로, 2015년 4월 18일 개관하였다. 홋카이도 박물관은 일본 내에서도 지역사와 근현대사, 식민지 시기를 포괄하는 전시가 통합된 드문 사례로 평가받고 있다. 그중에서도 제2차 세계대전 전후 산업화 과정과 관련된 전시는 조선인 강제동원 문제를 조명하는 중요한 공간이기도 하다.

박물관이 소장하고 있는 대표적인 자료 중 하나는 1944년부터 1945년 사이 홋카이도 지역 탄광에서 일한 조선인 노동자들의 임금 내역이 기록된 '임금대장'이다. 이 자료는 일본 법인 홋카이도개발공사의 닛조탄광(日曹炭鉱)에 고용된 조선인 노동자들의 월별 임금 수령 및 저축 여부를 보여주는 문서로, 일부 노동자가 저축을 하지 않았으며, 자발적으로 송금하거나 생활비를 지출한 사례가 존재함을 보여준다.

이 자료는 조선인 노동자에 대한 임금 지급 실태를 실증적으로 보여주는 드문 예로, 강제노동과 관련된 '무임금 착취'라는 기존 통념에 대해 역사적 재검토를 제기하는 자료가 되기도 했다. 물론 이러한 자료 하나만으로 전체 강제동원 정책의 성격을 일반화할 수는 없지만, 당시의 구체적인 행정기록의 의미는 있다.

이외에도 강제동원 당시의 노동 환경과 관련된 사진, 작업 도구, 탄광 구조 모형 등을 함께 전시하고 있으며, 이를 통해 관람객이 당시의 작업 조건과 생활 여건을 보여주기도 한다.

홋카이도 박물관의 조선인 강제노동 전시는 지역의 산업 발전 과정에서 타자화된 노동력, 특히 식민지 조선인의 존재를 드러낸다는 점에서 중요한 의의를 가진다. 이는 지역사 속에 은폐되기 쉬운 식민지 시기 조선인 강제노동의 흔적을 공개적으로 전시하고, 일본 내에서도 이러한 문제를 다층적으로 이해할 수 있도록 하는 드문 사례이다. 다만 현재까지 조선인 강제동원에 대한 전시 공간은 산업화 섹션의 일부로 제한되어 있어, 관련 내용의 확대와 심화가 필요하다는 지적도 있다.

최덕순_홋카이도 박물관

# 홋카이도 개척촌
北海道開拓の村

홋카이도 개척촌은 1971년 홋카이도 삿포로 시내에 개관한 야외 역사 민속박물관으로, 홋카이도 개척(開拓)의 초기 모습을 재현해 보여주는 공간이다. 이곳은 메이지 시대부터 쇼와 초기(1860~1930년대)에 걸쳐 건축된 가옥, 상점, 학교, 관공서 등 52채의 전통 가옥을 실제 부지에 옮겨 재배치한 형태이다. 이 박물관은 홋카이도 개척의 정책적 흐름, 생활문화 변화, 아이누 사람들의 생활상 등을 입체적으로 전시하고 있다.

1930년대 후반 일본 제국이 전쟁을 확대해 가며, 홋카이도 내 금속광산·탄광·철도·댐 공사와 같은 산업 현장은 젊은 일본인 노동력의 급격한 감소를 겪었다. 이에 따라 일본 정부는 조선 각지에서 수만 명의 조선인을 강제 징용 형태로 홋카이도로 보내 노동력을 확보했다. 홋카이도박물관과 관련 전시자료에 따르면, 1939년 가을 약 8만 5,000명 규모의 동원 계획이 승인되었고, 수천 명의 조선인이 개척촌 주변 산업 현장에도 투입되었다.

개척촌 일대는 야생림 개간 및 철도 부설, 관개·수로 공사 등 대규모 토목·건축 사업의 중심지였다. 이곳에 동원된 조선인들은 열악한 노동환경, 식량 부족, 장시간 노동, 부상 및 폭력에 노출되었으며, 실제로 노동 거부 및 쟁의가 다수 발생했다. 예컨대 1939년 10~12월 사이 미쓰비시 테이네 광산 등에서는 조선인 노동자가 293명에 달하는 인원이 집단적으로 작업을 거부했다는 기록이 전시로 남아 있다.

홋카이도 개척촌 내에는 당시 노동자들의 생활과 작업을 보여주는 도구, 사진, 전시 패널 등이 있으며, 특히 조선인 노동자의 유입과 희생, 쟁의 사례가 전시를 통해 소개되었다. 이 전시는 홋카이도 개척의 영광 이면에 있던 식민지 착취의 역사, 즉 조선인 노동력의 강제 동원과 그들이 겪은 고통을 알리는 역할도 한다.

최덕순_ 홋카이도 개척촌

# 아시베쓰 탄광
芦別炭鉱

아시베쓰 탄광은 홋카이도 아시베쓰시에 위치한 대표적 석탄 채굴지로, 20세기 초부터 일본 제국의 산업화와 전쟁 물자 조달을 위해 대규모 개발이 이루어진 곳이다. 특히 미쓰이 재벌 계열의 경영 하에 놓였던 이 탄광은, 일제 강점기 조선인 강제동원의 상징적 현장 가운데 하나로 평가된다.

기록에 따르면, 홋카이도 전역에 분포한 140여 개 탄광 및 공공토목사업장에는 조선인이 체계적으로 강제동원되었다고 한다. 일제 말기 일본 본토 및 홋카이도의 주요 산업시설에는 약 80만 명의 조선인이 강제동원되었으며, 이 중 약 8~10%가 사망하거나 실종되었다는 연구도 있다.

아시베쓰 탄광은 미쓰이광업(三井鉱業)이 운영하던 주요 채탄 현장으로, 채굴 노동 외에도 운반, 설비 유지, 갱도 확장 등 고강도 노동이 요구되었다. 특히 조선인 노동자들은 현지 언어 및 생활문화의 장벽 속에 놓였으며, 기숙사 격리, 식량 부족, 안전장비 미지급 등 차별적 처우 속에서 혹독한 노동을 감내해야 했다. 1939년부터 시행된 국가총동원법 아래 강제동원이 제도화되면서, 조선에서 모집·징용된 노동자들은 본인의 의사와 상관없이 홋카이도로 이송되어 이런 탄광에 배치되었다. 아시베쓰 지역 주민들의 증언에 따르면, "말도 통하지 않는 조선인들이 피폐한 모습으로 줄을 지어 공사장으로 향하던 장면은 지금도 잊히지 않는다"고 한다.

최덕순_아시베쓰 탄광 순직자 위령탑

최덕순_슈카쿠지

최덕순_ 발굴 후 강제노동희생자 추도비

최덕순_아시베쓰 석탄산업 무명수난자위령비

최덕순_ 아시베쓰 유골발굴 추정지

# 슈마리나이호 우류 제1댐
朱鞠内湖雨竜第一ダム

홋카이도 슈마리나이호 우류 제1댐은 1938년부터 1943년까지 홋카이도 북부 우류강 상류에 건설된 대형 수력댐으로, 제2차 세계대전 전시 체제 아래 일본의 산업 및 군수 인프라 강화를 위해 추진되었다.

슈마리나이댐은 교통망이 열악했던 홋카이도 북부를 연결하고 전력을 안정적으로 공급하기 위한 중요한 사업이었다. 우류댐 공사와 연결된 명우선(이후의 심메이선) 철도 공사는 1935년부터 1943년까지 진행되었으며, 댐 공사(1938-43년)에는 당시 일본인 노동자와 더불어 약 3,000명의 조선인 강제동원 노동자가 투입되었다.

이들 조선인 노동자는 도망을 막기 위한 감금 시설인 다코베야에 수개월에서 길게는 2년간 구금되어, 차별적이고 강제된 노동을 강요받았다. 특히 일본인 노동자보다 2~3배 더 긴 구금 기간이 확인되며, 임금 지불 방식·식사·의료 모두 일본인보다 열악했던 사실이 현지 증언에서 확인되었다. 댐 공사에는 '사망·실종'이라는 심각한 결과를 초래한 다수의 사고가 발생했다. 현지 시민단체 발굴 기록에 따르면, 급사·병사·폭력 사망이 빈발했다고 한다.

1970년대 후반부터 슈마리나이 현지에서는 조선인·일본인 희생자를 위한 위령 공간이 점진적으로 형성되었다. 1976년 아이누, 시민, 학생 등이 참여한 조사에서 피해 노동자 약 200명 이상이 공동묘지 주변 숲속에 암장된 사실이 확인되었다 . 1983년에는 16구 이상의 유골이 조사 발굴되어 지역 사찰인 고켄지에 임시 수습되었고, 1995년 동일 위치에 사사노보효 전시관(笹の墓標展示館)이 세워졌다. 2020년 폭설로 전시관이 붕괴된 후, 2024년 '사사노보효 강제노동 박물관(笹の墓標強制労働博物館)'으로 재건되었다.

아사지노 비행장 공사에서 희생된 조선인들을 기리기 위한 위령비도 이곳에 세워져 있다.

최덕순_ 슈마리나이호 우류 제1댐

최덕순_ 인공호수 슈마리나이호

최덕순_ **우류1댐 입구**

최덕순_ 슈마리나이 기원의 상

碑文

日中戦争から太平洋戦争に至る(一九三五年〜一九四五年)までの九年間、朱鞠内の過酷な強制建行(強制労働)の現場で数千人の日本人労働者と三千人の韓国人・朝鮮人が名雨線(一現深名線)・鉄道工事と雨竜ダム工事に従事させられ、雨竜ダム工事の末死にいたらしめられた人々は次々と朱鞠内の土に埋められていきました。

戦後復興の時代、私たちは犠牲者をかえりみる思いを失って時が流れました。一九七六年、空知に一つの運動がおこりました。鉄道工事・ダム工事の犠牲者を追悼しようとする「民衆史掘りおこし運動」です。「道悼法要協力会」が結成されました。この運動の中で二〇四人(現在まで)の犠牲者の氏名が判明しました。その中には三六人のこれらの工事の強制連行による韓国人・朝鮮人の犠牲者があります。

一九八〇年から四度にわたる発掘調査で、朱鞠内共同墓地周辺の笹ヤブの下から十六体の遺骨が掘り起こされました。それらの遺骨は参加者の手で改葬され、韓国への遺骨返還の旅が続けられました。四十年ぶりに遺骨は遺族の手に還されていきました。

戦争の中で「山間の地にいのちを失った」と呼ばれた多くの人々のいかりと悲しみにふれた私たちは、この運動をおして、強制連行された人々の犠牲を強いることがあってはならない、二度とこのような犠牲を強いることがあってはならないことを学びました。

ここに、犠牲となった人々、遺族、そしていのちの尊さにめざめたすべての人々の思いを込めて、この像を建立します。この地から人間のいのちの尊厳をとりもどし、民族の真の和解と友好を願う像

を願って。

一九九一年十月六日 「生命の尊さにめざめ民族の和解と友好を願う像」建立委員会 一同

최덕순_ 슈마리나이 강제노동 박물관

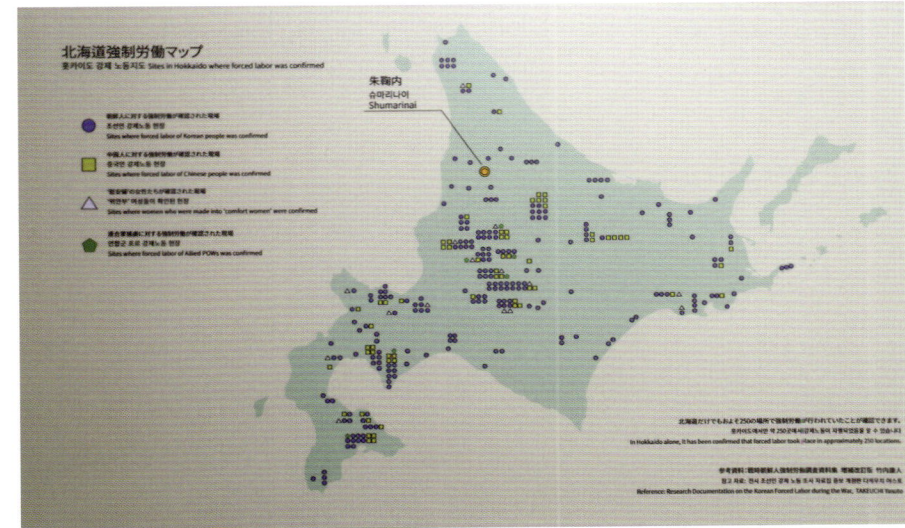

최덕순_슈마리나예 강제노동 박물관

최덕순_슈마리나이 강제노동 박물관

최덕순_아사지노 비행장 희생자 추도비

近代を迎えた北海道は日本の植民地として先住民アイヌに苦難を強い、軍国主義の基地となり、「タコ」部屋労働と朝鮮人、中国人強制連行・強制労働の地となりました。戦後も多くの犠牲者の遺骨が残されましたが、1970年代から朱鞠内をはじめ、各地で遺骨の発掘が取り組まれ、本願寺札幌別院など仏教寺院でも遺骨が発見されました。2003年には強制連行・強制労働犠牲者を考える北海道フォーラムが発足し、猿払村で韓国、中国、ドイツ、ポーランドの人ひとと共に旧日本陸軍浅茅野飛行場建設工事犠牲者の遺骨34体を発掘して遺族に届けられました。東アジアの人々との和解と平和を求める活動が進められました。ナショナリズムやヘイトスピーチを超えて、戦争と抑圧の時代を再び招かぬことを誓い、日帝強制動員被害者支援財団とともに、ここに記憶・継承の碑を建立します。

2017年10月28日

強制連行・強制労働犠牲者を考える北海道フォーラム

大韓民国日帝強制動員被害者支援財団

記憶・継承の碑建立事業有志一同

최덕순_ 평화의 숲 조성 예정지

# 07 광기의 전쟁

히로시마 평화기념공원
나가사키 평화공원
간토대지진 조선인 희생자 추도비
간토대지진 한국·조선인 순난자 위령비
간토대지진
유텐지 납골당
쿠라시키 강제연행 노동희생자 위령비
가메지마산 지하공장 터
간몬터널
노다터널
마쓰시로 대본영
모지코출정비, 출정군마 음수대
아타고산 지하공장 터
우키시마 순난의 비
나라 돈즈루 방공호
대동아전몰일한간호부위령지비
이쿠타마 공원 지하호
제4사단 사령부 청사와 오사카 포병공창화학분석장
다치소 지하공장 터

1931년 만주사변에서 시작된 일본의 대륙 침략은 이후 중일전쟁과 태평양전쟁으로 확장되며 동아시아 전체를 전쟁 상태로 몰아넣었다. 전쟁 수행을 위한 긴적·물적 자원 확보는 식민지 조선에도 직접적인 영향을 미쳤으며, 1939년 '국민징용령' 시행 이후 수십만 명의 조선인이 강제 동원되었다. 이들은 군수공장, 철도·항만·지하터널 건설, 병참 지원, 군속, 위안소 등에 배치되었고, 대부분 생존권과 인권이 보장되지 않은 상태에서 노역과 폭력에 노출되었다.

전시 체제는 본토의 민간 공간까지 군사화시켰다. 미군의 공습을 피하기 위한 지하시설과 분산 공장은 전국 곳곳에 건설되었고, 그 속에서 조선인 노동자들이 투입되었다. 마쓰시로 대본영, 가메지마산 지하공장, 다치소 지하공장, 아타고산 지하벙커 등은 모두 이러한 시설에 해당한다. 이들은 강제노동의 현장이자, 완공 이전에 패전을 맞이하면서 무수한 조선인 희생자를 남긴 공간이기도 하다.

일본 군수산업의 중심지였던 오사카에서는 포병공창화학분석장과 제4사단 사령부가 조선인 노동력에 의존해 가동되었다. 오사카성 인근은 일제 말기의 총력전 체제를 상징하는 거점이 되었고, 해방 이후에도 수많은 조선인이 귀환하지 못한 채 비공식 거주지에서 생존을 이어갔다.

전장의 직접적인 희생도 존재한다. 나가사키와 히로시마에서 피폭된 조선인 희생자는 각각 수만 명에 이르며, 이들은 대부분 군수공장 노동자 또는 연행된 위안부, 강제동원자였다. 또한, 해방 직후 귀국선을 기다리던 조선인들이 탑승한 우키시마호는 교토 앞바다에서 폭침되었고, 일본 정부는 사고 원인과 사망자 수에 대한 책임 있는 설명을 내놓지 않고 있다.

이곳에 소개한 장소들은 모두 전시 동원의 구조 속에서 조선인들이 희생된 구체적 현장이며, 그 존재는 수치로만 남지 않는다. 위령비, 추도비, 납골당 등은 그들의 이름을 복원하고자 하는 오늘날의 시도이자, 일본 내에서 잊히거나 지워졌던 역사의 흔적을 되살리는 행위이다. 광기의 전쟁은 끝났지만, 그 폐해는 아직 청산되지 않았다.

# 히로시마 평화기념공원
広島平和記念公園

히로시마 평화기념공원은 1945년 8월 6일 원폭 투하 직후 인근 지역이었던 원폭 돔을 중심으로 조성된 국제적 상징공원이다. 1954년 완공된 공원에는 제1차 원폭 희생자 위령비 설치를 시작으로, 평화의 종, 사과원, 수많은 국제 조형물을 포함하여 약 50여 개의 조형물과 기념물이 조성되었다. 1996년 원폭 돔이 유네스코 세계유산으로 지정되면서 그 역사적 의미가 더욱 강화되었다.

공원 서쪽, 혼카와 교량 남쪽에는 한국인 원폭희생자 위령비(韓国人原爆犠牲者慰霊碑, Monument in Memory of the Korean Victims of the A-bomb)가 위치해 있다. 이 위령비는 1970년 4월에 최초 건립되었으며, 원래는 혼카와 교량 서편 둔치에 있었다가 1999년 공원 내로 이동·재건되었다. 위령비는 거북이 형상의 받침돌 위에 높이 약 4.5미터의 흑석 비석이 세워져 있고, 비석 상단에는 두 마리의 용이 장식되어 있다. 거북이 받침은 "죽은 영혼이 거북이 등을 타고 승천한다"는 한국 전통사상의 상징으로, 용 문양은 웅장한 평화와 힘을 뜻한다.

비문에는 '원자폭탄에 의해 희생된 한국인 명복을 빕니다. 인류 평화를 기원합니다(原子爆弾에 의해 犠牲된 韓国人 冥福을 빕니다. 人類平和를 祈願합니다)'가 새겨져 있다. 위령비는 또한 히로시마에서 원폭으로 부상 후 사망한 조선왕조의 마지막 후손 중 한명인, 이우 왕자의 희생 또한 함께 기리는 성격을 갖는다. 히로시마 투하 시기 교착 상태였던 일본 본토에는 약 30만 명의 조선인이 거주하거나 강제동원된 상태였고, 폭격으로 인해 최소 2만 명 이상의 조선인이 희생된 것으로 추정되며, 이 위령비는 그 잊힌 희생자들의 넋을 담았다.

우동윤, **히로시마 평화기념공원**

우동윤_히로시마 원폭돔

우동윤_히로시마 조선인 원폭희생자 위령비

우동윤_히로시마 조선인 원폭희생자 위령비

우동윤_히로시마 평화기념공원

# 나가사키 평화공원
長崎平和公園

나가사키 평화공원은 1945년 8월 9일 오전 11시 2분, 일본 나가사키시에 투하된 두 번째 원자폭탄의 참상을 기억하고 평화를 기원하기 위해 조성된 공간이다. 원폭 투하 지점인 히라마쓰 지역은 그 중심부가 완전히 초토화되었으며, 폭심지 인근은 지금의 '평화공원'으로 재정비되었다. 이 공원은 1955년에 정식으로 개장한 이후 다양한 국가와 단체로부터 기증받은 평화 조형물과 함께, 원폭 희생자를 기리는 조형물들이 차례로 들어섰다.

한국인·조선인 원폭 희생자 추도비는 일본 제국주의하에서 강제 동원되거나 나가사키 인근에서 노동 중이던 조선인들이 원자폭탄으로 인해 목숨을 잃은 사실을 기리기 위해 세워진 비석이다. 이 비는 1979년 8월 9일, 나가사키 평화공원 내 원폭자료관 옆 언덕에 한국인 원폭희생자 추도비(韓国人原爆犠牲者追悼碑)라는 이름으로 처음 건립되었다. 비문에는 "이 비는 조선민족의 염원과 인류평화를 기원하며, 나가사키 원폭으로 희생된 동포들을 추도하기 위해 세운다"는 내용이 한국어, 일본어, 영어로 새겨져 있다.

나가사키 원폭 당시 조선인 피해자 수에 대해서는 여러 조사에서 차이가 있으나, 일본 정부가 발표한 통계에 따르면 나가사키에서 피폭된 조선인은 약 2만 명에서 4만 명 사이로 추정되며, 이 중 약 1만 명이 사망한 것으로 보고되고 있다 대부분은 군수공장이나 조선소, 철도 건설현장 등에서 노동 중이었으며, 특히 미쓰비시 조선소와 화학공장 등 나가사키 산업지대에 집중되어 있었다. 이들은 징용 또는 강제연행된 이들이었으며, 원폭 당시 피폭 사실조차 제대로 확인되지 못한 채 이름 없이 희생되었다.

2015년에는 한국 정부의 지원으로 기존 비석과는 별도로 한국인 원폭희생자 위령비(韓国人原爆犠牲者慰霊碑)가 평화공원 북쪽 언덕에 추가로 세워졌다. 이 위령비는 한국인 피폭자들의 존재를 국제사회와 일본 시민들에게 보다 명확히 알리고자 한 목적이 크다. 해마다 8월 9일, 나가사키 원폭 추도일에 맞춰 주일 한국대사관과 민단, 피폭 유족 등이 헌화하며 추도식을 진행하고 있다.

박민우_나가사키 평화공원

박민우_나가사키 평화공원

박민우_ **나가사키 평화공원**

박민우_나가사키 폭심지 공원

박민우_ 나가사키 폭심지 공원

박민우_ 나가사키 폭심지 공원

박민우_나가사키 폭심지 공원

박민우_나가사키 폭심지 공원

박민우_나가사키 원폭조선인 희생자 추도비

박민우_나가사키 원폭조선인 희생자 추도비

박민우_나가사키 원폭조선인 희생자 추도비

박민우_나가사키 원폭조선인 희생자 추도비

박민우_ 나가사키 원폭조선인 희생자 추도비

# 간토대지진 조선인 희생자 추도비
## 関東大震災朝鮮人犠牲者追悼碑

간토대지진 조선인희생자추도비는 1923년 9월 1일 간토 지역을 강타한 대지진 당시, 일본 사회에 퍼진 유언비어에 의해 조선인 수천 명이 무차별적으로 학살당한 역사적 사건을 기리는 위령비이다. 이 추도비는 도쿄 스미다구 요코아미초 공원에 위치해 있으며, 1973년 조선인 희생 50주기를 맞아 일본 시민단체와 재일동포, 유족들이 함께 건립하였다.

비석 전면에는 일본어·한국어·중국어로 "유언비어에 의해 희생된 6천여 명의 조선인을 추도한다"는 내용이 새겨져 있다. 이 수치는 당시 조선총독부와 일본 내 각종 시민 보고서를 종합한 결과로, 실제 희생자 수는 그보다 많을 것으로 추정된다.

박창모_간토대지진 조선인 희생자 추도비

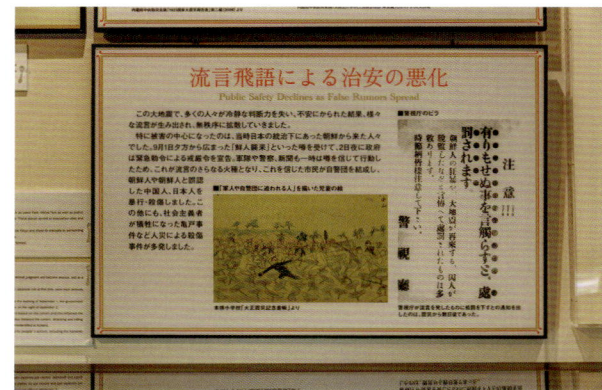

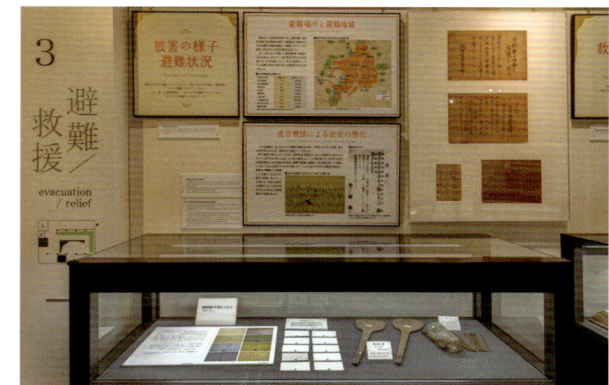

박창모_간토대지진 조선인 박물관

박창모_도쿄도 위령당

박창모_간토대지진 조선인 희생자 추도비

# 간토대지진 조선인 순난자 위령비
## 関東大震災殉難朝鮮人慰霊之碑

간토대지진 조선인 순난자 위령비는 요코하마시 서부 구보야마 공동묘지에 위치해 있으며, 1974년 한 일본 시민의 자발적 기부에 의해 건립된 위령비이다. 이 위령비는 어린 시절 간토대지진 당시 조선인 학살을 목격한 일본 시민이 자신의 기억을 증언하고자 단독으로 세운 것이 시초이다.

비석의 뒷면에는 "쇼와 49년 9월 1일 소년 시절 그날의 학살을 목격한 한 시민이 세움(昭和四十九年九月一日 少年の日に目撃した一市民建之)"이라는 문구가 일본어로 새겨져 있으며, 앞면에는 '간토대지진 순난 조선인 위령지비(関東大震災殉難朝鮮人慰霊之碑)'라는 제목이 새겨져 있다.

이 위령비는 개인적 기억과 양심의 증언에서 시작된 위령비로 역사적 특색을 지닌다. 이는 일본 시민 개개인이 갖고 있던 기억과 책임의식, 그리고 그것을 증언하고자 하는 양심의 표현이 어떠한 방식으로 위령 공간으로 이어질 수 있었는지를 보여주는 사례이다.

박창모_간토대지진 한국·조선인 순난자 위령비

박창모_간토대지진 한국·조선인 순난자 위령비

## 간토대지진
関東大震災

1923년 9월 1일 오전 11시 58분, 일본 간토 지역을 중심으로 규모 7.9~8.0에 달하는 대규모 지진이 발생하였다. 진앙은 사가미 만 해저로, 도쿄와 요코하마를 포함한 수도권 일대에 막대한 피해를 남겼다. 이 지진은 단순한 지반 흔들림을 넘어 대규모 화재로 이어졌으며, 진동 직후 도시 전역에서 동시다발적으로 발생한 화재는 강풍과 맞물려 '불의 폭풍'을 형성하였다. 특히, 도쿄 시내의 혼죠(本所)구에서는 수만 명의 시민이 대피한 육군 피병창 부근에서 화염 회오리에 휘말려 참혹한 피해를 입었다.

이 지진으로 인해 약 10만 5,000명에서 14만 2,000명 사이의 인명 피해가 발생하였으며, 부상자는 약 4만 7,000명, 전소 및 붕괴된 가옥은 약 69만 5,000채에 달했다. 전체 이재민은 약 250만 명으로 추산된다. 화재에 의한 사망자 수가 전체 사망자의 90%를 넘는 것으로 분석되며, 단일 자연재해로는 당시까지 일본 역사상 최대 인명 피해였다.

이 재해 이후, '조선인이 우물에 독을 풀고 방화를 획책했다'는 유언비어가 급속히 확산되었고, 이를 계기로 사회혼란 속에서 자경단, 경찰, 군대가 조선인 약 6,000명을 조직적으로 학살했다는 학술적 합의가 존재한다. 특히 일본 정부의 통제오·군·경의 묵인이 이러한 폭력을 촉진하였으며, 일본 정부는 학살 피해 규모를 2,600명에서 6,600명 범위로 발표했다.

# 싱가포르 창기 순난자 위령비
## シンガポール・チャンギ
## 殉難者慰霊碑

도쿄도 오타구 이케가미(東京都大田区池上)에 위치한 '싱가포르 창기 순난자 위령비(シンガポール・チャンギ殉難者慰霊碑)'는 제2차 세계대전 종전 직후 싱가포르 창기 수용소에서 사망한 일본군 전범자 가운데 조선인 희생자 15명을 추모하기 위해 1983년 4월 11일 건립된 위령비이다. 위령비는 오타구에 소재한 불교 사찰 쇼에인 묘켄도(照栄院 妙見堂)의 전각 앞에 세워졌다.

창기 수용소는 전후 연합군에 의해 설치된 일본군 전범자 구금소로, 일본 제국주의 시기 동남아시아 점령지에서 군사행동과 전쟁범죄에 가담한 군인·관계자들이 이곳에 수용되었다. 특히 싱가포르 내 수형자 중에는 조선인 출신 군속 및 민간 협력자들도 포함되어 있었다. 1946년 싱가포르 창기 수용소에서 처형된 일본인 및 조선인 수형자들은 총 146명으로 알려져 있으며, 이 중 조선인 15명의 이름은 위령비 뒷면에 명확히 각인되어 있다. 비석 전면에는 '싱가포르 창기 순난자 위령비'라는 표제가 한자로 새겨져 있고, 후면에는 희생자의 명단과 건립 취지를 설명하는 문구가 각인되어 있다.

박창모. 싱가포르 창기 순난자 위령비

박창모_싱가포르 창기 순난자 위령비

박창모_싱가포르 창기 순난자 위령비

# 유텐지 납골당
祐天寺 納骨堂

유텐지는 일본 도쿄도 메구로구 나카메구로에 위치한 정토종 사찰로, 1718년 창건된 이래 지역 불교의 중심지로 기능해온 전통 깊은 절이다. 사찰 내에는 일제 강점기와 태평양전쟁 시기 일본에서 사망한 조선인 희생자의 유골을 안치하기 위한 납골당이 설치되어 있다.

납골당은 1971년 한국 정부와 일본 정부의 협의에 따라 조성되었으며, 일본 각지의 병원, 수용소, 강제동원 현장 등에서 수습된 유골이 체계적으로 이송·안치되었다.

당초 약 520여 구의 유골이 유텐지로 이송되었으며, 이 중에는 1945년 8월 교토 앞바다에서 미군 기뢰로 침몰한 '우키시마호(浮島丸)' 사고 희생자, 전시 중 사망한 군속, 민간 피징용자 등이 포함된 것으로 알려져 있다.

이후 2008년부터 2010년까지 세 차례에 걸쳐 총 423구의 유골이 한국으로 송환되었으며, 이는 강제동원 피해자 유해의 공식 귀환 사례로 기록되었다. 현재는 약 100여 구의 유골이 여전히 유텐지에 남아 있으며, 이 중에는 북한 출신 또는 신원 미상 유골이 다수를 차지한다.

유텐지 납골당은 단순한 유해 보관소를 넘어, 매년 8월 유족, 한국과 일본 시민단체, 불교계 인사들이 모여 위령제를 지내는 장소로 기능하고 있다.

박창모_유텐지 납골당

박창모_유텐지 납골당

박창모_유텐지 납골당

# 쿠라시키 강제연행 노동희생자 위령비
倉敷强制連行勞動犧牲者慰靈碑

쿠라시키 강제연행 노동희생자 위령비는 태평양전쟁 말기, 일본 오카야마현 쿠라시키시 일대에서 강제로 동원되어 노동에 시달리다 사망한 조선인 피해자들을 기리기 위해 세워진 추모비이다.

이 지역은 미쓰비시 중공업의 군수공장을 비롯하여 가메지마산 지하공장 건설 등 군사 관련 인프라 개발이 집중되었던 곳으로, 다수의 조선인 노동자들이 혹독한 환경 아래 강제노동에 내몰렸다. 위령비는 이러한 고통의 역사를 기억하고, 희생자들의 넋을 위로하기 위한 공간으로, 재일본대한민국민단 오카야마본부 쿠라시키지부 부지 내에 건립되었다.

쿠라시키시는 전시 일본의 총동원체제 아래 중공업과 화학 산업이 집중된 대표적 공업지대로, 미즈시마 공업지대를 중심으로 조선인, 중국인, 동남아 노동자들이 강제동원되었다. 이들은 모집·관알선·징용 등의 방식으로 일본 본토에 이송되었고, 공장 건설, 군수품 생산, 화약 운반, 갱도 굴착 등 생명을 위협하는 작업에 투입되었다. 강제동원된 조선인들은 고온다습한 환경, 열악한 위생 여건, 부족한 식량과 음용수, 작업 중 구타와 산업재해 등에 시달리며 생존을 위협받았다. 전시 동원 체제는 인간의 존엄과 생명을 철저히 무시한 구조였으며, 이로 인해 수많은 이들이 현장에서 목숨을 잃었다.

우동윤, 쿠라시키 강제연행 노동희생자 위령비

## 가메지마산 지하공장 터
亀島山地下工場址

가메지마산 지하공장은 일본 오카야마현 쿠라시키시 미즈시마 지역에 위치한 전쟁 유적지로, 제2차 세계대전 말기인 1944년부터 1945년 사이 일본 정부와 미쓰비시 중공업에 의해 조성된 군수용 지하 시설이다. 미군의 본토 공습에 대비한 군수시설 분산화 정책에 따라 구축된 이 공장은, 항공기 부품 생산 등의 군수작업을 지하에서 수행하기 위한 목적으로 설계되었다.

가메지마산 지하에는 총 길이 약 2킬로미터에 이르는 수십 개의 수평 터널이 산재해 있으며, 그 대부분은 폭 2미터, 높이 2미터 내외의 협소한 구조로 되어 있다. 이 공장 건설에 일본 국내 노동자 외에 조선인 노동자가 강제로 동원되었다는 기록이 남아 있다.

강제동원진상규명위원회와 일본 시민단체의 조사에 따르면, 조선인 노동자들은 무더운 여름에도 환기 시설이 제대로 작동하지 않는 지하에서 폭파 작업, 흙 제거, 벽면 보강 등을 수행했으며, 식사와 휴식 시간도 충분히 보장되지 않았다. 이들 중 일부는 터널 붕괴나 과로로 사망했으며, 이후 이름 없이 매장되거나 기록되지 않은 경우도 있었다고 전해진다.

현재 가메지마산 지하공장은 내부 안전 문제로 자유로운 출입이 제한되어 있으나, 일부 구간은 안내판과 함께 제한적으로 일반에 공개되어 있다.

우동윤_가메지마산 지하공장비

우동윤_가메지마산

# 간몬터널
関門トンネル

간몬터널은 일본 혼슈 시모노세키와 규슈 모지를 연결하는 해저 철도터널로, 총 연장 3.6킬로미터 가운데 해저 구간은 1.14킬로미터에 달한다. 이 터널은 1936년 9월 착공되어 1942년 7월 하행선이, 1944년에는 상행선이 개통되었다. 공사는 중일전쟁 발발 이후 본격화된 일본의 전시 물자·병력 수송 인프라 확충 계획의 일환으로 추진되었으며, 해상 수송로보다 안전한 대체 수단 확보가 주된 목적이었다.

터널 건설에는 조선인 노동자들이 강제로 동원되었고, 열악한 환경 속에서 인권이 철저히 무시된 채 노동에 투입되었다. 지역 주민 진정 및 언론 보도에 따르면, 당시 간몬터널 공사에 참여한 조선인 노동자들을 감시하기 위한 작은 창문이 설치된 채 지금도 남아 있으며, 이들이 탈출을 시도할 경우 경찰과 기업 직원이 추적에 나섰다는 지역 주민의 증언이 있다. 또한, 시모노세키와 야하타(현 기타큐슈시) 일대에는 철조망으로 둘러싸인 수용소도 설치되어, 조선인 노동자들은 감시 하에 일본인이 기피한 위험한 작업 구간에 투입되었다고 전해진다.

시모노세키 쪽 터널 입구에는 공사 중 사망한 노동자들의 이름이 새겨진 순직비가 존재하나, 해당 비석은 선로 안에 위치해 있어 일반인은 육안으로 확인하기조차 어렵다. 이 비에는 '이적금, 조용동, 손위경, 신성윤'이라는 이름과 함께, 창씨개명된 이름으로 보이는 '아라이 운규'를 포함한 총 5명의 조선인 이름이 기록되어 있다. 그러나 당시 공사가 군사기밀로 분류되었기 때문에 정확한 사망자 수나 전체 조선인 동원 인원은 오늘날까지도 파악되지 않고 있다.

이러한 기록은 간몬터널이 단순한 철도 인프라가 아닌 식민지 조선인에 대한 강제노동의 현장이었음을 보여준다. 터널 공사는 전시동원의 일환으로 수행되었으며, 조선인 희생자의 상당수는 이름 없이 매몰되거나 무명으로 남게 되었다. 간몬터널은 일제의 전시 수탈 구조 속에서 조선인 노동자의 인권이 얼마나 심각하게 침해되었는지를 단적으로 보여주는 상징적인 역사 현장이다.

장용근_간몬터널

우동윤, 간몬터널

우동윤, 간몬터널 건설의 비

# 노다터널
野田トンネル

노다터널은 일본 시즈오카현 하마마쓰시에 위치한 길이 약 260미터의 지하 터널이다. 이 터널은 제2차 세계대전 말기였던 1945년에 착공되어, 일본의 패전 이후인 1947년에 완공되었다. 당시 일본 정부는 미군의 공습을 회피하고 군수물자 생산을 지속하기 위해 전국 각지에 지하 군수 공장을 건설하려는 계획을 추진했으며, 노다터널은 이러한 계획에 따라 인근 군수시설과 연결되는 통로로 설계되었다.

노다터널 공사에는 당시 16세에서 50세 사이로 추정되는 조선인 약 140명이 동원되었다고 지역 조사에서 전해진다. 이들은 장비 없이 두꺼운 바위를 맨손에 가까운 수작업으로 파내는 고된 노동에 종사했다. 공사 환경은 매우 열악했으며, 안전장비나 위생시설은 거의 갖춰지지 않았고, 노동 강도는 하루 12시간 이상에 달했다. 식민지 조선에서 징용된 이들은 강제노동자로 분류되어 자유로운 이동이 통제되었고, 임금 역시 제대로 지급되지 않았던 것으로 알려져 있다.

그러나 노다터널 공사에 동원된 조선인 노동자들에 대한 일본 정부의 공식 기록이나 확인 가능한 피해자 명단, 사망자 통계 등은 현재까지 확인되지 않았다. 관련 정보는 대부분 지역 시민사회의 구술 증언, 일부 신문 보도, 유족 및 후세대의 기록을 통해 간접적으로 전해지고 있으며, 정확한 동원 경위와 희생 규모 역시 아직까지 밝혀지지 않은 상태이다.

노다터널은 현재 일반 통행이 제한되어 있으며, 그 용도는 폐기되었지만 터널 구조는 남아 있다. 일부 지역 주민들과 시민단체는 이 터널이 조선인 강제노동의 현장이었음을 기억하려는 활동을 이어가고 있으나, 추모비나 안내문 등의 공공 기념 시설은 마련되지 않은 상태이다.

우동윤_노다터널

# 마쓰시로 대본영
松代大本営

마쓰시로 대본영은 제2차 세계대전 말기, 일본 정부와 군부가 연합군의 본토 상륙을 대비하여 천황, 중앙정부, 군 최고사령부(대본영)를 지하로 이전하기 위해 건설한 지하 지휘 시설이다. 이 시설은 나가노현 나가노시 마쓰시로 지역의 화강암 지하에 조성되었으며, 1944년 11월부터 공사가 시작되어 1945년 8월 일본의 패전 직전까지 지속되었다.

전체 계획은 약 10킬로미터에 이르는 대규모 지하 터널망을 구축해 일본 제국의 최후 지휘 본부를 지하로 옮기는 것이었다. 실제로는 약 6킬로미터가 굴착되어 전체의 약 75%가 완공된 상태였다. 이 공사는 일본 육군의 직할 지휘 아래 추진하였으며, 시공은 가시마건설, 하자마구미, 니시마쓰건설 등 민간 건설업체들이 담당하였다. 노동력은 대부분 외국인 강제동원자에 의존하였으며, 그 중심이 조선인이었다.

이 공사에 동원된 인력은 총 약 1만 명에 달했으며, 이 중 6,000명에서 7,000명, 또는 최대 1만 명에 달하는 조선인 노동자가 포함되었다는 조사가 존재한다. 이들 다수는 조선에서 징용 또는 강압적 모집을 통해 일본으로 이송되었고, 위험한 굴착과 폭파, 잔토 처리 작업 등에 집중적으로 투입되었다.

조선인 노동자들의 작업환경은 매우 열악하였다. 영양 부족, 위생 문제, 안전장비 미비, 그리고 과중한 노동으로 인해 다수의 사망자가 발생했다. 구체적인 사망자 수에 대해서는 공식 기록이 부족하나, 최소 300명에서 많게는 1,500명 이상이 사망했을 것으로 추정된다. 이들은 사망 후 신원 확인 없이 임시 매장된 경우가 많았으며, 그 존재는 오랫동안 공식적으로 기록되지도, 인정받지도 못했다.

1995년, 조선인 강제노동 희생자를 추모하는 '조선인희생자추도평화기념비(朝鮮人犧牲者追悼平和記念碑)'가 건립되어 매년 8월 10일, 희생자들을 기리는 위령 행사가 진행되고 있다.

우동윤_마쓰시로 대본영 위령비

우동윤_마쓰시로 대본영

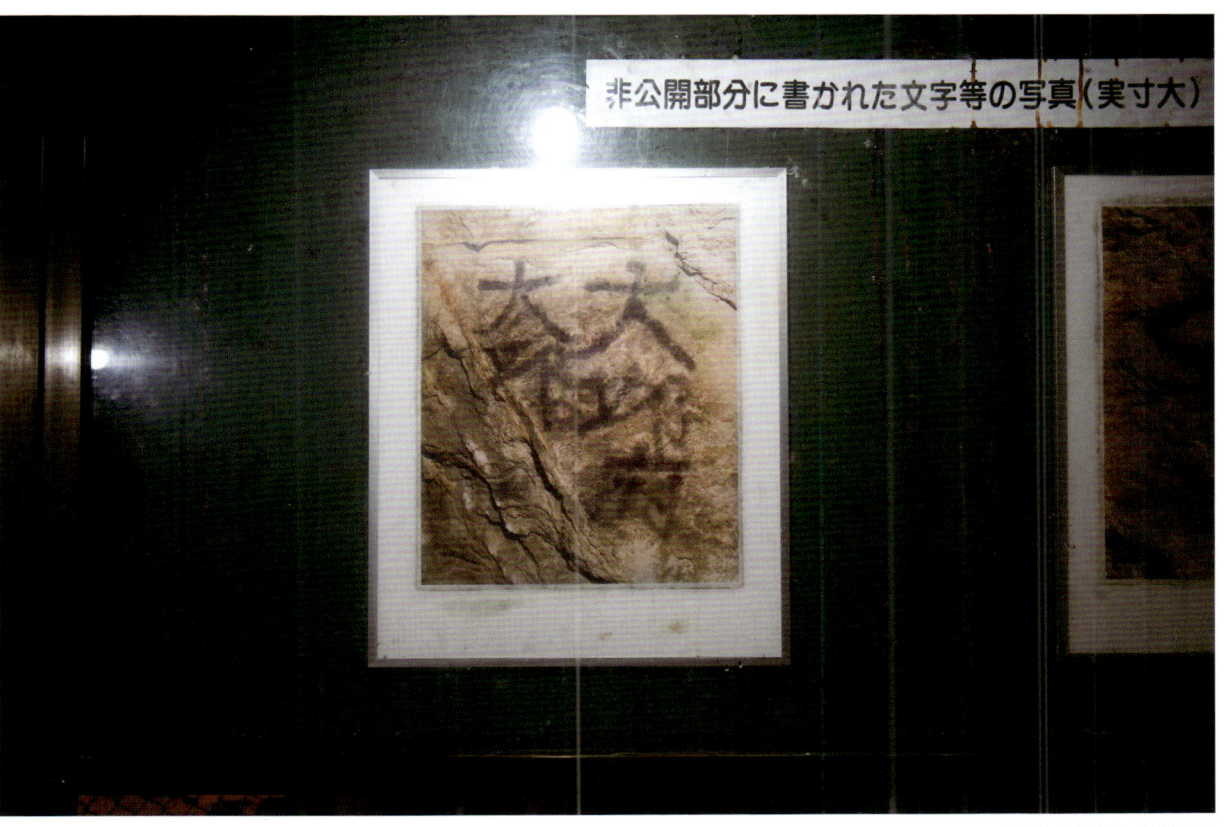

우동윤_대구 출신 강제동원자의 낙서

# 모지코 출정비
## 門司港出征の碑

우동윤_모지코 안벽

시모노세키의 가라토시장 인근 선착장에서 배를 타면, 모지코 선착장까지는 약 5분이면 도착한다. 선착장에서 도보로 2~3분 거리에 위치한 공원 안에는 '모지코 출정비'가 세워져 있다.

이 비석은 일본이 만주사변을 일으킨 1931년부터 태평양전쟁 종전까지, 모지항을 통해 수많은 병력이 동남아시아와 중국 전선으로 파병되었음을 기념하는 목적으로 건립된 것이다. 비문에는 '2백만 명 이상이 출정했고, 그 절반이 전사했다'는 내용과 함께 당시의 사진이 함께 새겨져 있다.

그러나 안타깝게도, 이곳을 통해 전쟁터로 끌려간 조선인 군속과 징병자들에 대한 언급은 찾아볼 수 없다. 제국의 전쟁에 강제로 동원되어 희생된 식민지 조선인의 존재는, 이 '기억의 장소'에서 철저히 배제되어 있다.

장용근_모지코 출정비

장용근_모지코 출정비

장용근_모지코 출정비

# 출정군마 음수대
## 出征軍馬の水飲み場

모지항을 통해 남방 전선으로 병력을 파병할 당시, 전국 각지에서 동원된 군용 말 수십만 필도 함께 전장으로 보내졌다. 이 말들이 배에 실리기 전, 마지막으로 물을 먹는 급수 장소인 '군마 음수대'가 모지코 출정비 옆에 지금도 남아 있다.

음수대 옆에는 말들을 기억하고 위로하는 '군마의 비'도 세워져 있으며, "고마웠다, 수고했다"는 의미의 문구가 새겨져 있다. 짐승도 전쟁의 기억 속에 이름과 흔적을 남기고 있는 것이다.

하지만 이곳을 통해 함께 실려 갔던 조선인 군속과 징병자들에 대한 표지나 기념 문구는 어디에서도 찾아볼 수 없다. 말은 기억되고 추모되지만, 제국의 전쟁에 강제로 동원되어 희생된 조선인의 존재는 철저히 지워져 있다.

장용근_출정군마 음수대

장용근, 출정군마 음수대

# 아타고산 지하공장 터
愛宕山地下工場址

아타고산 지하공장 터는 일본 야마구치현 이와쿠니시에 위치한 제2차 세계대전 말기 군수시설 건설지로, 1945년경 일본군이 연합군 공습에 대비하여 군수 생산시설을 지하화하기 위해 추진한 비밀 공사 현장 중 하나로 알려져 있다.

이 지하공장은 시모노세키시 중심에서 북쪽으로 약 2킬로미터 떨어진 아타고산 일대 암반 지대에 굴착되었으며, 당시 일본 육군의 군사 전략에 따라 방공·지휘·군수 기능을 지하로 이전하기 위한 전국적 계획의 일환이었다. 시공 규모와 세부 목적에 대한 공식 자료는 남아 있지 않지만, 현지 시민단체와 언론 보도에 따르면 터널 형태의 갱도 구조 일부가 현재도 남아 있는 상태이다.

이 공사에는 조선인 노동자가 강제로 동원되었을 가능성이 높다는 주민 증언과 시민단체의 조사가 존재한다. 구체적인 인원수나 사망자 통계는 공식적으로 확인되지 않았으며, 일본 정부와 한국 정부의 과거사 관련 공식 보고서에서도 아타고산 지하공장에 대한 명시적 언급은 없다.

다만, 국내 언론에서 시모노세키 지역에서 조선인 강제노동과 관련된 구술 증언과 유골 미귀환 문제가 계속해서 제기되고 있음을 소개한 바 있다. 이 가운데 일부 증언은 아타고산 인근 현장에서의 위험한 작업과 조선인 사망자 발생을 언급하고 있다.

현재 아타고산 지하공장 터는 일반에 공개되지 않고 있으며, 유적지로 지정되거나 안내판이 설치된 상태는 아니다.

우동윤_아타고산 지하공장 터

# 우키시마 순난의 비
## 朝鮮人殉難之碑

1945년 8월 22일, 일본 아오모리현 오미나토항을 출항한 일본 해군 수송선 우키시마호는 귀국을 기다리던 조선인 강제징용자 3,735명과 일본인 승무원 255명을 태우고 부산으로 향하던 중, 이틀 뒤인 8월 24일 교토부 마이즈루만 인근에서 폭발해 침몰했다. 일본 정부의 공식 발표에 따르면 조선인 탑승자 중 524명, 일본인 승무원 중 25명이 사망한 것으로 기록되어 있다.

하지만 사건 초기부터 유족과 생존자들은 일본 정부 발표 수치의 신빙성을 의문시했다. 9월 18일자 부산일보 보도와 일부 생존자 증언에 따르면 실제로는 조선인 탑승자 수가 더 많았으며, 5,000명 이상이 사망했을 가능성이 제기되었다. 국무총리실 소속 대일항쟁기 강제동원 피해조사 및 국외강제동원 희생자 등 지원위원회는 2010년 12월 발표한 진상 보고서에서 일본 정부의 기뢰 폭발설을 전적으로 신뢰하기 어렵다고 지적하며, 생존자 65명 등의 증언을 기록했다.

이후 2024년 9월 5일, 한국 외교부는 일본 정부로부터 우키시마호 승선자 명부 75건 중 19건을 우선 확보했다고 발표했다. 이 명부에는 승선자의 이름, 생년월일 등 일부 인적 사항이 포함되어 있으며, 정부는 이를 피해자 확인과 유족 지원에 활용할 계획이라고 밝혔다. 1995년부터 마이즈루시 시립 공원에는 조선인 희생자들을 기리는 '우키시마호 순난 위령비'가 세워져 매년 8월 24일 전후로 추모제가 열리고 있다. 2008년에는 '우키시마호사건 소송자료집'이 발간되었으나, 일본 법원은 생존자 15명에게만 배상을 인정하고 국가 배상이나 역사적 사과에는 응하지 않았다

이 사건은 단순한 해난 사고가 아니라, 해방 직후 여전히 강제동원 상태에 있던 조선인들이 귀국 도중 당한 참사이다. 하지만 일본 정부는 공식 사과나 배상을 거부하고 있으며, 일본 정부가 제공한 명부조차 일부만 공개된 상태이다.

우동윤_ 우키시마 순난의 비

우동윤_ 우키시마호 폭침 현장

# 나라 돈즈루 방공호
奈良 鈍鶴防空壕

나라현 가시바시에 위치한 돈즈루봉은 백색 응회암이 드러난 특이한 지형의 절벽지대이다. 이곳은 제2차 세계대전 말기인 1945년, 일본 육군 항공총군이 전시 지휘본부를 은닉할 목적의 방공호 건설을 추진했던 장소이다. 1945년 5월경부터 8월까지 약 2개월간 시공되었으며, 지하 통로의 총 길이는 약 2킬로미터에 달한다.

당시 이 방공호 건설에는 일본 내 육군 토목 병력 약 300명이 투입되었으며, 이들과 함께 조선인 병력 약 100~200명도 노동자로 동원되었다고 알려져 있다. 조선인들은 굴착, 자재 운반, 천장 지지대 설치 등 위험하고 고된 작업에 배치되었고, 일부 증언에 따르면 이들은 주둔 중 식사와 위생 환경에서도 차별을 겪었다.

방공호는 절벽 아래의 응회암 지층을 따라 파여졌으며, 폭 2~3미터 높이 약 2미터 내외의 복도형 구조로 구성되었다. 내부에는 회의실, 통신실, 침실 등으로 추정되는 공간과 함께 환기구, 통풍구 흔적이 남아 있으며, 일부 구간에는 현재도 콘크리트 구조물, 지지대, 전선 통로 등이 그대로 보존되어 있다. 이 시설은 전쟁 종전과 함께 미완성 상태로 공사가 중단되었으며, 당시 사용된 인력에 대한 구체적인 군 기록은 일본 육군이 철수하며 대부분 소각된 것으로 알려져 있다.

1990년대 후반부터 일본 시민단체의 현장 탐사와 연구가 본격적으로 이루어졌으며, 2020년 이후 일부 구간은 학술 목적의 제한적 답사도 허용되었다. 현재 이 방공호는 민간 사유지에 포함되어 있어 일반인의 자유로운 접근은 제한된다.

장용근_나라 돈즈루 방공호

장용근_나라 돈즈루 방공호

장용근_나라 돈즈루 방공호

장용근, 돈즈루 강제동원 조선인 숙소로 사용했던 건물

(왼쪽부터) 장용근 작가, 강진아 선교사, 아이다 요슈케 활동가, 다나카 마사시 활동가

## 대동아 전몰 일한간호부 위령지비
大東亜戦没日韓看護婦慰霊之碑

대동아 전몰 일한간호부 위령지비는 일본 오사카부
다이토시 노자키공원 인근에 1977년 일본인 자원봉사자와
한국 단체의 협력으로 세워진 위령비이다. 이 위령비는
간호 인력으로 동원되어 전시 중 희생된 여성들을
추모하기 위해 건립된 조형물로, 위령비 전면에는
'大東亜戦没日韓看護婦慰霊の碑'라는 문구가 새겨져 있다.

위령비는 공원 깊숙한 곳, 은둔하듯 위치해 있으며, 비문에는
'전몰 조선처녀·일본처녀·여성(挺身隊, 정신대) 7만여 명과
일본 간호부 2만여 명 등 총 9만여 명의 존귀한 영령을 기리기
위함'이라는 내용이 기록되어 있다. 하지만 지금까지 실제
피해자 수에 대한 공식 집계는 존재하지 않고, 비문에서 전몰
여성 약 9만 명을 기리고 있다는 점에서, 우리 역사 속 여성
희생의 규모와 기억의 필요성을 상징적으로 제시한다.

장용근_대동아 전몰 일한간호부 위령지비

장용근_대동아 전몰 일한간호부 위령지비

장용근_대동아 전몰 일한간호부 위령지비

장용근, 위령비 뒷면에 새겨진 글이 누군가에 의해 지워졌다

장용근_대동아 전몰 일한간호부 위령지비

# 이쿠타마 공원 지하호
生玉公園地下壕

오사카부 오사카시 덴노지구에 위치한 이쿠타마 공원 지하호는 제2차 세계대전 중 일본군이 연합군의 공습에 대비해 구축한 지하시설이다. 이 지하호는 1942년 무렵부터 건설이 시작되었으며, 지하 약 6~7미터 깊이로 길이 약 24미터, 폭 9미터, 높이 6.5미터에 이르는 아치형 철근 콘크리트 구조물로 조성되었다. 2층 구조로 계획되었으나 현재는 1층 일부만 잔존하고 있다. 이 시설은 단순한 시민 방공호가 아니라, 일본 육군의 선박통신대가 실제로 사용하던 군사 시설이었다.

이 지하호 건설에는 강제 연행된 조선인 노동자들이 동원되었다. 1996년 오사카시가 현장에 설치한 공식 안내판에는 "식민지 지배하에서 강제 연행된 조선인이 가혹한 노동에 종사했다"고 명시되어 있으며, 이는 일본 지방자치단체가 조선인 강제노동을 공식적으로 인정한 드문 사례 중 하나이다. 당시 조선인 노동자들은 굴착, 잔토 제거, 콘크리트 타설 등 위험하고 고된 작업에 투입되었고, 장비와 영양, 안전조치 모두 부족한 상태에서 작업을 수행하였다. 이 지하호는 전후 한동안 방치되어 노숙인 거주지로 이용되기도 했으며, 현재는 오사카시의 결정에 따라 입구가 콘크리트로 폐쇄되었고 안내판을 통한 역사적 설명만이 남아 있다.

장용근_오사카 이쿠타마공원 지하호

장용근_오사카 이쿠타마공원 지하호

장용근_오사카 이쿠타마공원 지하호

## 제4사단 사령부 청사와 오사카 포병공창화학분석장
(旧第四師団司令部庁舎, 大阪砲兵工廠化学分析場)

오사카성 공원 내에 위치한 제4사단 사령부 청사는 일본 제국 육군의 주요 지휘시설로, 1931년 착공되어 1932년에 완공된 로마네스크 양식의 철근콘크리트 건물이다. 이 청사는 오사카를 관할하던 제4사단의 본부로 사용되었으며, 이후 중부군 사령부가 주둔하면서 일본 본토 방위를 위한 군사 지휘의 중심 역할을 수행하였다. 현재는 외형을 보존한 채 복합문화시설 '미라이자 오사카죠(Miraiza Osaka-jo)'로 활용되고 있다.

이 청사 바로 동쪽에는 제2차 세계대전 당시 일본 육군의 군수 물자를 생산하던 오사카 포병공창화학분석장이 위치해 있었다. 이곳은 일본 내에서도 최대 규모의 군수공장 중 하나로, 전시 말기에는 하루 3교대 체제로 가동되며 대포, 포탄, 총기, 화약 등을 대량 생산했다. 이 공장에는 일본인 노동자뿐 아니라 조선인, 중국인, 대만인 등 식민지 출신의 외국인 노동자들이 다수 동원되었다.

일본 내 연구자 및 시민단체의 조사에 따르면, 오사카 포병공창화학분석장에는 전쟁 말기 기준으로 약 6만 4,000명의 노동자가 투입되었으며, 이 중 조선인 노동자는 약 1,200~1,500명으로 추정된다. 이들은 대부분 '국민징용령'이나 '노무동원'이라는 명목으로 강제로 동원되었으며, 열악한 환경 속에서 위험 작업에 집중 배치되었다. 조선인 노동자는 일본인보다 낮은 임금을 받았고, 언어폭력, 안전 방치, 차별적 대우 등 전형적인 식민지 노동 구조 아래 노출되었다.

일본 정부는 조선인 노동자들의 동원 실태와 피해 사실을 공식적으로 인정하거나 사과하지 않고 있으며, 관련된 유적지 역시 군사 유산이나 관광 자산으로만 홍보하고 있다.

장용근, 오사카성 제4사단 사령부 청사

장용근_오사카성 제4사단 사령부 청사

장용근_오사카성 제4사단 사령부 청사

장용근_오사카성 포병공창화학분석장

장용근_오사카성 포병공창화학분석장

장용근, 오사카성 포병공창화학분석장

장용근_오사카성 포병공창화학분석장

# 다치소 지하공장 터
## たちそ地下工場址

다치소 지하공장은 일본 오사카부 다카쓰키시의 산악 지대에 위치한 제2차 세계대전 말기의 일본 육군의 지하시설로, 1944년 11월부터 공사가 시작되었다. 일본 육군은 연합군의 본토 공습에 대비해 주요 군수 공장을 지하시설로 분산시키는 정책을 추진했으며, 다치소는 가와사키 항공기 공장(川崎航空機工業明石工場)의 일부 생산 기능을 이전하기 위한 후보지 중 하나였다.

당시 가와사키는 전투기용 엔진 및 기체 부품을 제작하던 핵심 군수기업이었고, 1945년 1월 미군의 공습으로 아카시 본공장이 파괴되자, 다치소 지하공장이 대체시설로 가동되기 시작하였다. 지하공장은 산 중턱의 암반을 굴착해 만든 터널형 구조물로, 전체 길이는 약 수 킬로미터에 이르는 것으로 추정된다.

공사에는 조선에서 동원된 약 3,500명의 조선인 노동자가 투입된 것으로 알려져 있으며, 이 수치는 전후 미군 전략폭격조사단(USSBS: United States Strategic Bombing Survey)의 일본 측 자료를 바탕으로 추정된 수치이다. 조선인 노동자들은 주로 암반 굴착, 폭파, 잔토 처리 등 위험하고 고된 작업에 배치되었으며, 하루 11시간 이상의 교대제 노동을 감내해야 했다. 당시 이들은 보호장비 없이 작업에 투입되었고, 식량과 숙소, 의료 환경도 매우 열악했던 것으로 기록되어 있다. 일본 시민단체와 일부 기록에 따르면, 공식 보고에 기초한 피해 통계로는 최소 2명이 사망하고 151명이 부상을 입은 것으로 보고되어 있으나, 실제 피해 규모는 이보다 클 가능성이 제기되고 있다.

조선인 노동자들이 머물렀던 막사는 현재 다카쓰키시 나리아이 지역에 있었던 것으로 확인되며, 종전 후에도 일부 조선인 유족 및 생존자가 현지에 정착해 살았던 사실이 일본 시민단체의 조사로 밝혀졌다. 그러나 전후 일본 정부는 이들에 대한 구체적인 지원이나 사과를 하지 않았으며, 오히려 일부 조선인 주민에 대해 불법 체류자로 분류해 강제 퇴거 조치를 추진하기도 했다.

1996년, 조선인 강제동원 희생자들의 존재를 알리는 기념비가 공장 입구 인근에 설치되어, 지금까지 매년 위령제가 열린다.

장용근_다치소 지하공장 터

장용근_다치소 지하공장 터

장용근_다치소 지하공장 터

# 08 남겨진 사람들

히라노 운하
똥굴 동네
아파치 무라
우토로 마을

1945년 8월, 전쟁은 끝났지만 모든 조선인이 귀환한 것은 아니었다. 일부는 귀환선을 기다리다 기회를 놓쳤고, 일부는 일본 내 노동시장에 잔류했다. 전후의 행정 혼란과 물자 부족, 귀국 수송의 제한은 이들을 고국으로 돌려보내지 못하게 했다. 그렇게 '남겨진 사람들'은 귀환하지 못한 채 일본 땅에 남아야 했다.

이들은 일본 도시 주변의 버려진 공장지대나 빈터에 집단 거주지를 형성했다. 법적 지위 없이 거주했으며, 위생과 안전, 교육 등 모든 영역에서 차별을 받았다. 지방정부는 이들을 '불법 체류자'로 간주했고, 주거 환경 개선이나 권리 보장에는 소극적이었다. 사회적 낙인은 일상화되었고, 일부 지역에서는 멸칭과 배제 속에서 살아야 했다. 그럼에도 이들은 생존을 위한 노동과 공동체 생활을 지속했다.

'남겨진 사람들'은 귀환을 포기한 것이 아니라, 귀환할 수 없었던 사람들이었다. 전쟁이 남긴 체계적 무관심과 구조적 배제 속에서, 그들은 일본 사회 바깥에 머물러야 했다. 이들의 존재는 전후 일본의 조선인 처리 정책의 공백과 식민지배의 지속성을 보여주는 사례이다.

## 히라노 운하
平野運河

운하는 오사카만과 내륙을 연결하는 중요한 인공 수로망의 일부로, 메이지기 이후부터 제2차 세계대전 말기까지 일본 산업과 물류의 핵심 기반시설로 기능했다. 특히 식민지 조선과 일본을 잇는 해상 수송체계 속에서, 히라노 운하는 조선인 강제노동자들이 이동·분산되는 중요한 경유지로 작용했다. 당시 조선에서 강제로 동원된 노동자들은 대부분 부산, 마산, 목포 등 항구에서 배를 타고 일본으로 건너왔으며, 시모노세키나 모지를 경유해 세토내해를 따라 항해한 뒤 오사카항에 도착하였다. 오사카항은 일본 본토 서부의 주요 항구이자 산업의 중심지였고, 항만에 하역된 노동자들은 히라노 운하를 비롯한 수로망을 통해 오사카 내륙 각지의 군수공장, 토목현장, 지하시설 등으로 분산 배치되었다.

히라노 운하 주변은 전시 산업지구인 히가시오사카, 다카쓰키, 이쿠노, 덴노지 등과 인접해 있었으며, 이 지역에는 가와사키 항공기 공장을 비롯한 군수산업 시설이 집중되어 있었다. 때문에 히라노 운하는 단순한 운송 경로를 넘어 조선인 노동자들이 일본 각지로 흩어지기 전 머물거나 거쳐 가야 했던 물리적, 심리적 접점이 되었다. 이 과정에서 일부 노동자들은 임시 수용소에 머물기도 했으며, 일본 측 기업과 행정당국의 관리하에 숙박과 이동을 통제당한 사례도 존재한다.

1945년 8월, 일본의 패전과 함께 조선인 강제동원의 종결이 선언되었을 때, 귀환을 희망하던 수많은 조선인 노동자들은 오사카에 머물며 돌아갈 방법을 찾아야 했다. 귀국선이 턱없이 부족했고, 일본 정부와 연합군 사령부의 인원 수송 조율도 지연되면서 많은 이들이 한동안 발이 묶였다. 이때 히라노 운하 일대는 조선으로 돌아가기 위한 배를 기다리는 집결지이자, 현실적으로는 돌아가지 못한 이들이 정착하게 되는 터전이 되었다.

귀환이 좌절된 조선인들 중 일부는 운하 주변의 빈 공장, 폐선창, 야산 지대에 움막을 짓고 생활을 시작했다. 초기에는 고국으로 돌아갈 희망을 품고 있었지만, 일본의 경제 혼란과 정치적 무관심 속에 이들은 차츰 일본 내 '잊힌 사람들'이 되어 갔다. 그렇게 히라노 운하는 조선으로 이어지는 '수로'이자 동시에 '단절된 길'이 되었고, 조선인 노동자들에게는 귀환과 잔류 사이의 상징적 갈림길로 기억되었다.

이후 이 지역은 일본 내 조선인 사회의 일부가 형성되는 공간이 되었으며, 전쟁과 식민지배의 기억을 고스란히 품은 장소로 남았다.

장용근_오사카 히라노 운하

장용근_오사카 히라노 운하

장용근_오사카 히라노 운하

# 똥굴 동네
トングルトンネ/糞窟村

시모노세키는 일본 본토와 조선을 연결하는 교통·물류의 관문으로, 특히 부산·마산 등에서 출발한 배편의 주요 경유지였다. 이곳의 옛 히가시오오쓰보정 일대와 그 주변 언덕, 하천가에는 일제강점기와 태평양전쟁기 조선인 강제동원자와 이주 노동자들이 집단 거주했던 마을이 형성되었다. 해당 지역은 당시 일본인들 사이에서 '똥굴 동네'(トングルトンネ, 糞窟村)라는 멸칭으로 불렸는데, 이는 좁고 위생이 열악한 거주 환경을 반영한 표현이다.

이 거주지는 본래 부산, 마산, 목포 등 조선의 항만에서 일본으로 동원된 노동자들, 특히 시모노세키에서 본토 내륙으로 향하는 여객이나 화물을 기다리던 이들이 모여 살기 시작한 곳이다. 1940년대 중후반까지도 이 지역에는 한국인 가구가 집중적으로 거주했으며, 일부 주민들은 귀국선을 기다렸으나, 운항 지연, 귀국선 부족, 경제 어려움 등으로 인해 귀환하지 못하고 일본에 머물렀다.

똥굴 동네는 상수도·하수도 시설이 전혀 갖춰지지 않은 '무허가 판잣집' 밀집 지역이었으며, 경사진 언덕과 협소한 골목에 배설물이 쌓이며 "糞の村(똥더미 마을)"이라는 이름이 붙었다. 현지 시민들이 이 일대를 "下関市神田町界隈(旧東大坪町辺り)は、かつて大坪トンネとかトングルトンネ…糞窟村(시모노세키시 간다정 일대(옛 히가시오오쓰보정 부근)는 한때 '오오츠보 톤네' 또는 '똥굴 톤네(똥굴 동네)'… '분굴촌(糞窟村)'이라 불렸다)"이라 기억하는 점이 이를 증명한다.

1949년 이후 시모노세키에 남은 조선인들은 점차 지역 커뮤니티를 형성하였다. 한국어 학교, 불교·기독교 사찰 등 교류 공간이 생기며, 한때 노동 집단이었던 이들은 지역사회에 서서히 정착하였다. 이 중 일부는 '귀환하지 못한 채 일본에 남은 조선인'으로서 삶을 이어가야 했는데, 이는 전후 동포 사회 형성의 중요한 배경이 되었다. '똥굴 동네'는 조선인 강제동원의 폐해, 해방 이후 귀환 실패, 일본 내 정착으로 이어지는 한 세대의 삶과 기억이 겹쳐진 공간이다.

장용근_시모노세키 똥굴 동네

장용근_시모노세키 똥굴 동네

장용근, 똥굴 동네 하관교회

장용근_똥굴 동네 하관교회

장용근_시모노세키 똥굴 동네

장용근_시모노세키 똥굴 동네

장용근_시모노세키 뚱굴 동네

장용근_시모노세키 똥굴 동네

장용근_시모노세키 똥굴 동네

장용근_시모노세키 똥굴 동네

하관교회 설립 1주년 기념 사진(1929)

장용근 **똥굴 동네** 허상윤

잊혀진 이름을 따라 남겨진 자리에 서서

똥굴 동네

장용근, 똥굴 동네 홍은숙 자매

264 | 265

# 아파치 무라
アパッチ村

전후 오사카 포병공창 옛 터 주변에서는, 전쟁 폐허 속에 널린
철조각을 주워 생계를 이어가던 이들이 모여살기 시작했다.
이들이 모여 형성한 무허가 판잣집 밀집 지역은, 언론과
사회의 시선 속에서 "아파치족(アパッチ族)"이라 불렸으며,
특히 재일 조선인을 중심으로 구성된 철거 노숙인들의
집단으로 알려졌다.

이들은 밤마다 오사카 포병공창 잔해에서 조각을 훔쳐 이를
수집하고 팔아 생계를 유지했는데, 이 같은 활동은 당시 신문
보도에도 등장하며 "아파치족"이라고 명명되었다.

기록에 따르면, 이들 집단은 강제 동원이나 징용된 조선인들이
남은 철거 자원을 활용해 자립하려 했던 형태였으며, 이들은
낮은 주거 환경 속에서도 강한 생존 의지를 바탕으로 경제
활동을 이어갔다. 결국 '아파치 무라'는 단순한 절도 집단이
아닌, 전후 식민지 출신자들이 전쟁 폐허 속에서 살아남기 위해
조직한 생존 공간인 것이다.

장용근_오사카 아파치 무라

장용근_오사카 아파치 무라

장용근_오사카 아파치 무라

장용근_오사카 아파치 무라

장용근 오사카 아파치 무라

장용근_오사카 아파치 무라

장용근_오사카 아파치 무라

장용근_오사카 아파치 무라

장용근_가파치 무라 남속은이

# 우토로 마을
宇治市ウトロ地区

교토부 우지시 우토로 마을은 제2차 세계대전 중 1943년경 일본군 비행장 건설을 위한 조선인 강제동원 노동자 약 1,300명이 투입되면서 형성된 집단 거주지이다. 이들은 전쟁이 종결된 이후에도 일본 귀환선 부족, 경제적 이유 등으로 인해 한국으로 돌아가지 못하고 임시 판잣집과 벙커형 주거지에 거주를 이어갔다.

우토로에는 전후에도 판잣집, 구호 막사 등 열악한 주거 환경이 지속되었으며, 이 지역은 '불법 거주지'로 간주되어 수십 년간 법적·사회적 압박에 시달렸다. 1960년대 초 우토로 거주민은 약 230명, 가구수는 60여 가구에 달했다는 기록이 있다.

1980~90년대 들어 토지 소유권 충돌이 본격화되었고, 토지 소유자인 기업 서일본식산(西日本殖産)과 주민 사이의 법정 공방이 이어졌다. 2001년에는 UN 사회권위원회가 일본 정부에 우토로 주민의 거주권 보장을 권고한 바 있다. 2005년, 재일 동포·한국 시민사회·일본 시민단체가 함께 '우토로를 지키는 모임'과 '우토로 국제대책회의'를 구성하였고, 2007년 한국 정부와 시민들의 후원을 받은 '우토로 민간기금재단'이 토지 일부를 구매하면서 주민들은 퇴거 위기에서 벗어났다. 2010년부터 2018년까지는 일본 우지시와 연계한 주거환경 정비 사업이 추진되었으며, 2018년 1기 시영주택 입주, 2023년 2기 입주가 이루어지면서 우토로 주민들의 주거권이 안정적으로 보장될 수 있었다.

2022년 4월에는 우토로 평화기념관(Utoro Peace Memorial Museum)이 개관했다. 한국 정부의 '3.1운동 및 대한민국 임시정부 수립 100주년 기념 사업'의 일환으로 지원을 받았으며, 전시 공간에는 비행장 건설기 강제동원, 주민들의 퇴거 위기, 마을 지키기 운동 등 우토로의 역사가 전시되고 있다.

장용근_교토 우토로 마을

장용근 교토 우토로 마을

장용근_교토 우토로 마을

장용근 교토 우토로 마을

장용근_교토 우토로 마을

장용근 교토 우토로 마을

장용근_교토 우토로 마을

장용근 교토 우토로 마을

장용근_우토로 마을 이혜자

# 09

## 그리고 남은 이야기

교토 윤동주 시비
오사카 위수감옥 터
구시로 송병준의 목장

강제동원의 현장을 따라가던 길 위에서, 우리는 뜻밖의 이름들과 마주했다. 누군가는 조국을 위해 싸웠고, 누군가는 조국을 팔았다. 교토의 윤동주, 오사카의 윤봉길, 그리고 홋카이도의 송병준. 이 익숙한 이름들은 각기 다른 방식으로 이 땅에 남아 있었다.

이 장은 조선인 강제노동의 흔적을 좇는 여정 속에서 만난, 상반된 기억의 표식들을 기록한다. 시인의 시비, 독립운동가의 수감터, 친일파의 목장터. 한일 양국의 경계를 넘나드는 그 이름들은, 존경과 배신, 추모와 망각이라는 상반된 감정을 동시에 환기시킨다.

'그리고 남은 이야기'는 단지 여정의 끝이 아니라, 식민의 시간이 남긴 복합적 기억의 시작이다. 이 장은 조선인의 존재가 일본 땅 위에 남긴 표식들, 그리고 그 이름들을 어떻게 기억하고 말할 것인가에 대한 질문이기도 하다.

# 교토 윤동주 시비
尹東柱 詩碑

윤동주 시비는 일본 교토 도시샤 대학교 캠퍼스 내 신학부 건물 인근의 잔디밭에 세워져 있다. 이는 윤동주 시인이 유학 중 다녔던 대학으로, 그의 짧지만 강렬한 삶과 문학의 흔적이 남아 있는 공간이다. 시비는 2001년 11월 3일 한국과 일본의 시민들이 뜻을 모아 가설 형태로 처음 세워졌으며, 이후 2004년 4월 8일 정식 제막식을 통해 영구 설치되었다.

교토 시비는 이러한 윤동주의 비극적인 삶과 일본 제국주의에 저항한 정신, 그리고 순결한 시심(詩心)을 기억하기 위한 공간이다. 한일 양국 시민들이 힘을 모아 시비를 세운 것은, 윤동주의 시가 단순한 민족문학을 넘어 인류 보편의 양심과 저항을 노래했다는 점을 증명한다.

시비에는 윤동주의 대표 시 「서시」의 일부와 함께, 그가 다녔던 학교와 관련 인물들의 설명이 일본어, 한국어로 병기되어 있다. 이를 통해 일본을 방문하는 한국인뿐만 아니라 일본인들도 그의 시와 정신을 이해할 수 있도록 구성되었다.

도시샤대학교는 매년 윤동주를 기리는 행사를 개최하기도 하며, 한국에서 유학 온 학생들과 일본 현지의 연구자들이 이곳을 찾아 시인을 추모한다. 시비는 단순한 기념물이 아니라, 과거의 부정의를 성찰하고 한일 간 평화와 화해의 길을 모색하는 교육의 장으로 기능하고 있다.

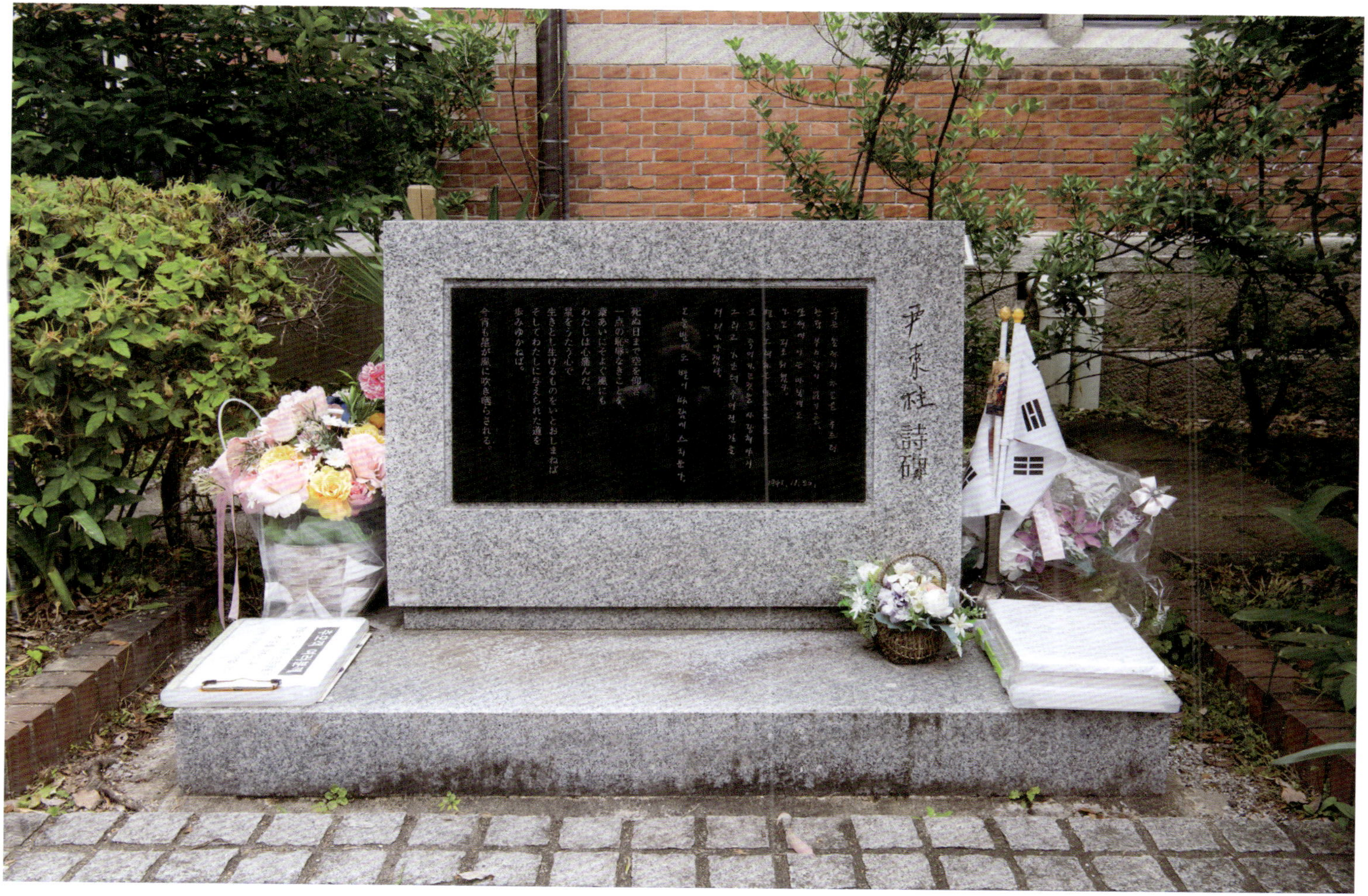
尹東柱詩碑
오늘 밤에도 별이 바람에 스치운다.
1941. 11. 20.
死ぬ日まで空を仰ぎ
一点の恥辱なきことを、
葉あいにそよぐ風にも
わたしは心痛んだ。
星をうたう心で
生きとし生けるものをいとおしまねば
そしてわたしに与えられた道を
歩みゆかねば。
今宵も星が風に吹き晒らされる。

우동윤_**교토 윤동주 시비**

# 오사카 위수감옥 터
大阪衛戍監獄址

오사카성 공원 내에는 1932년 한국 독립운동가 윤봉길 의사가 순국 직전 약 한 달간 수감된 오사카 육군 위수감옥 터가 남아 있다. 이곳은 현재 천수각에서 도보 5분 이내, '이치반 야구라(一番櫓)' 인근, 도요토미 히데요시 신사 부근에 위치한 것으로 확인된다.

위수감옥은 1932년 11월 18일 윤 의사가 상하이 훙커우 공원 의거 후 사형 선고를 받은 뒤 고베항을 통해 오사카로 이송되어 수감된 곳이다. 정확한 입소일은 확인되지 않으나, 사형이 집행되기까지 약 한 달간 독방에서 수감 생활을 한 것으로 전해진다.

당시 감옥은 오사카성 성벽과 해자로 둘러싸인 요새 같은 시설이었으며, 붉은 벽돌로 지어진 건물 10동이 천수각 가까이에 직사각형 구조로 배치되어 있었다. 내부 감방은 사방이 높은 담장과 성벽으로 막혀 있었으며, 출입구 또한 단 하나였다.

1932년 12월 18일, 윤 의사는 이 감옥에서 가나자와 소재 일본군 제9사단 구금소로 이송되었고, 이튿날인 12월 19일 오전 7시 27분, 가나자와 형무소에서 총살형이 집행되었다. 현재는 일제의 시설이 철거되고 공원으로 정비되었으나, '위수감옥 터'라는 안내판이 남아있으며, 윤봉길 의사를 직접 언급하는 설명은 없다.

장용근_윤봉길의사 수감터

장용근_위수감옥 터 안내문

장용근_**위수감옥 터 입구**

### 송병준(宋秉俊, 1887-1925)

병준은 구한말 농상공부대신·내부대신을 역임하고, 일제강점기에 총독부 중추원 참의와 일진회 총재를 지냈다. 그는 1910년 한일병합에 앞장선 공로로 백작 작위를 받았으며, 전국 각지의 토지를 대거 획득하고 조선농업주식회사를 설립하여 세력을 확장했다. 1925년 뇌일혈로 사망했으며, 그의 재산과 작위는 아들 송종헌에게 승계되었다.

### 손자 송재구(宋載九)의 '조선목장'

송병준의 손자인 송재구는 메이지대학을 졸업했고, 1930년대 초 홋카이도(北海道)에서 일본 정부로부터 광대한 농지—약 2,640만 제곱미터(약 800만 평)를 불하받아 '조선목장'이라 명명하고 경영했다. 이는 당시 조선인으로선 이례적으로 대규모 사유 목장을 운영한 사례이다.

### 광복 이후와 후손의 토지 반환 소송

광복 이후 송재구는 한국으로 귀국해 용인군 내사면 추계리에 주택 및 전답을 보유했지만, 긴급 처분되었고 반민특위에 체포되어 서대문형무소에 수감됐다. 그는 1949년 뇌일혈로 사망했다. 그의 아들 송돈호는 1990년대 이후부터 '송병준' 명의로 남은 토지 반환을 위해 서울·인천·경기·강원 등지에서 상속 소송을 진행했다. 그러나 사기 혐의로 2007년 구속되었고, 2025년 초에는 헌법재판소에 '친일재산특별법 위헌 소송'을 냈으나 기각당했다.

잊혀진 이름을 따라 남겨진 자리에 서서

송병준(宋秉畯, 1867-1925) | 손자 송재구(宋載九)와 조선목장 | 광복 이후의 후손의 토지 반환 소송

최덕순_ 구시로 송병준의 목장

작가노트

오키나와에서 훗카이도까지
조선인 강제동원의 흔적을 찾아
**우동윤**

기억의 섬,
군함도에서
**박민우**

조선인 강제 동원 루트와
남겨진 사람들
**장용근**

숨겨진 진실의 흔적을 따라 -
일본 사도섬과 도쿄에서의 기록
**박창모**

평화로 가는
반성적 기억과 계승
**최덕순**

기록의
자리에 서다
**박은경**

# 오키나와에서 홋카이도까지 조선인 강제동원의 흔적을 찾아

우동윤

일본은 1868년 메이지유신 이후 불과 30여 년만에 서구열강과 어깨를 견줄만한 강대국으로 성장했다. 1895년 청일전쟁, 1905년 러일전쟁을 이기고 조선에 대한 지배력을 굳힌 뒤 1910년 불법적인 한일병합을 통해 조선을 식민지로 삼았다. 일본의 가혹했던 식민지배는 35년동안 이어졌고, 1945년 일본이 태평양전쟁에서 패하며 조선은 해방을 맞이했다. 일제강점기 조선인 강제동원을 중일전쟁과 태평양전쟁 당시 자행됐던 일본의 불법행위로 알고 있는 경우가 많지만 조선인 강제동원은 그 이전부터 광범위하게 이뤄졌다. 그 시기는 크게 1937년 중일전쟁 이전과 이후로 나눌 수 있다.

1937년 이전의 조선인 동원은 일본의 근대화와 산업화 초기 단계에서 이뤄졌다. 1868년 메이지유신 이후 일본은 서구열강 따라잡기에 국력을 총동원했다. 봉건 농업국가를 근대 산업국가로 발전시키기 위한 각종 공사와 사업들이 일본 전국에서 광범위하게 진행됐다. 자국민만으로는 턱없이 부족했던 노동력을 조달하기에 조선은 더없이 좋은 곳이었다. 일본의 침탈로 경제 기반이 무너진 조선의 하층민들은 일본에 가면 많은 돈을 벌 수 있다는 감언이설에 속아 부산에서 시모노세키로 가는 관부연락선에 몸을 실었다. 조선인들이 없었다면 일본의 근대화와 산업화는 이뤄지지 않았을 것이다.

전쟁 당시의 조선인 강제동원은 훨씬 더 참혹했다. 일본은 1937년 중일전쟁 이후 대동아공영권을 내세우며 태평양전쟁을 일으켰다. 1938년 국가총동원법을 제정해 조선인들을 일본 전국의 군수 공장으로, 남방의 전장으로 끌고 갔다. 1939년부터 1945년까지 끌려간 조선인들의 숫자는 350만 명 이상인 것으로 추정된다. 조선인들은 일본 근대화, 산업화 과정의 가장 밑바닥에서 가혹한 노동에 시달렸고, 군국주의 일본이 광기에 휩싸여 일으킨 전쟁에서 비참하게 희생됐다. 일본과 한국 정부는 1965년 한일국교 정상화를 추진하며 무상 3억 달러, 유상 2억 달러를 주고 받으며 강제동원 피해자들의 희생을 덮어 버렸다.

정리하지 않고 기록하지 않은 과거는 끊임없이 현재에 영향을 미치고 과거의 발목을 잡는다. 한국과 일본의 관계가 그렇다. 60년 전 한일국교 정상화 이후 두 나라는 겉으로는 가까운 이웃, 미래의 동반자임을 내세우고 있지만 여전히 일제강점기의 어두운 역사에서 벗어나지 못하고 있다. 조선인 강제동원이 여전히 논쟁적인 주제로 남아 있는데다 최근 그 논쟁이 한층 더 격화되고 있는 이유 역시 제대로 정리하지 않고, 기록하지 않았던 과거 때문이다. 시간이 지날수록 과거의 역사적 사실은 잊혀지고 의미없는 논쟁만 남게 됐다. 기록의 중요성에 대해 다시 한번 생각하게 된다. 지금이라도 늦지 않았다.

사진기록연구소는 지난 해 일본 본토에 남아 있는 조선인 강제동원의 흔적 60여 곳을 직접 답사했다. 소속 작가 5명(박민우, 박창모, 우동윤, 장용근, 최덕순)이 공간적으로는 오키나와에서 홋카이도까지 일본 전역을, 시간적으로는 1901년부터 1945년까지 조선인 강제동원의 흔적을 촬영했고, 그 흔적들에 얽힌 사연과 의미를 박은경 작가가 취재해 기록했다. 그 결과를 불법적 한일병합 115년, 광복 80년, 한일국교 정상화 60년인 올해 한 권의 책으로 엮었다. 아무쪼록 이 책이 조선인 강제동원의 슬픈 역사에 대해 다시 한번 생각하고, 한국과 일본 두 나라의 미래지향적인 관계 설정에 도움이 되길 바란다.

## 기억의 섬, 군함도에서

박민우

군함도는 근대 일본 산업화의 상징으로 널리 알려졌지만, 동시에 조선인들이 강제노동에 동원되었던 장소이기도 하다. 바다 위의 작은 섬에 머물렀던 수많은 이들의 고통스러운 기억은, 아직도 온전히 조명되지 못하고 있다.

나가사키에 도착한 첫날, 나는 평화자료관과 폭심지 공원, 그리고 한국인 원폭 희생자 위령비 등을 찾았다. 전시 공간은 전쟁의 비극을 잘 보여주고 있었지만, 유독 조선인 피해에 관한 내용은 그 자취가 희미했다. 특히 위령비는 인적 드문 외진 곳에 위치해 있었고, 학생 단체 관광객들도 대부분 지나치기만 했다. 그 앞에 잠시 머물며 고개를 숙였을 때, 비로소 이 장소의 의미가 가슴 깊이 전해졌다.

이튿날에는 군함도로 향하는 배에 올랐다. 관광 안내는 주로 일본어로 이루어졌고, 한국어 자료는 요청 후에야 받을 수 있었다. 중간 기착지인 다카시마 섬에서는 산업화의 역사에 집중한 설명이 이어졌고, 조선인들의 노동에 관한 언급은 찾아보기 어려웠다. 해설 도중 '하시마'와 '다케시마'라는 단어가 들렸지만, 구체적인 설명을 이해하기는 어려웠다.

군함도에 도착해 실제 섬을 둘러본 시간은 20분 남짓에 불과했다. 일부 구역만이 공개되어 있었고, 촬영은 제한적이었다. 안내 직원의 눈치를 보며 조심스럽게 셔터를 눌렀다. 섬을 바라보는 이방인의 시선 속에는, 산업유산이 아닌 '기억의 유산'으로서의 군함도가 보였다.

이 섬이 품은 고통의 흔적이 사라지지 않도록, 우리가 계속해서 바라보고 말해야 한다는 마음을 되새겼다. 진실을 기억하고, 그것을 다음 세대에 전하는 일이 오늘날 우리의 몫임을 절감한다.

## 숨겨진 진실의 흔적을 따라
## 일본 사도섬과 도쿄에서의 기록

박창모

가장 가까운 타국, 일본을 생애 처음으로 찾은 이유가 여행이 아니라 사진 작업이라는 점은 나에게도 특별한 의미로 다가왔다. 그 발걸음은 관광지가 아닌, 조선인 강제 동원의 흔적을 좇아간 여정이었다. 첫 행선지는 니가타현 사도섬. 일본에서 두 번째로 큰 이 섬에는 일제강점기 조선인들이 강제 노역을 했던 사도광산이 자리하고 있다. 1601년부터 채굴이 시작된 이 광산은 1902년부터 1945년까지 조선인들이 동원되었던 74개 작업장 중 하나다. 특히 태평양 전쟁이 격화되던 1945년 7월에는 무려 1,200명의 조선인이 이곳에서 일하고 있었다. 하지만 현장에서 마주한 정보는 전혀 다른 이야기였다. 광산 입구에 비치된 홍보물은 에도 시대부터 광산이 폐쇄되기까지의 역사만을 다루고 있었고, 조선인 강제 동원에 대한 언급은 어디에서도 찾아볼 수 없었다. 아이카와 향토 박물관에도 조선인 노동자에 대한 설명이 있긴 했지만, '강제 동원'이라는 표현은 철저히 배제된 채 '조선반도 출신자를 포함한 광산 노동자의 삶'이라는 문구로 모호하게 표현되어 있었다.

이러한 장소가 갱도, 채굴 시설, 제련소 등과 함께 중요문화재, 사적, 근대화 산업 유산으로 지정되었고, 결국 2024년 7월 유네스코 세계문화유산으로 등재되었다는 사실은 복잡한 감정을 불러일으켰다. 이제는 관광지로 변한 사도광산의 입구에서 입장료를 지불하고, 포토존이 된 '도유노 와레토' 앞에서 기념사진을 찍는 관광객들을 보며, 가려진 진실과 묻혀버린 기억을 생각하지 않을 수 없었다.

사도섬을 뒤로하고 일본의 수도 도쿄에서는 억울하게 희생된 조선인들을 추모하는 위령비들을 답사했다. 수도 한복판에 조용히 서 있는 이 비석들은, 일본 사회가 아직도 제대로 마주하지 않은 역사적 아픔을 조용히 말해주고 있었다. 먼저, 스미다구 요코아미초 공원. 이곳에는 대규모 재해와 전쟁의 희생자들을 기리는 "도쿄도 위령당"과 더불어, 1923년 9월 1일 간토 대지진 당시 일본 민중에 의해 무차별적으로 학살당한 조선인들을 기리는 "간토대지진 조선인 위령비"가 함께 자리하고 있다. 또한, 메구로구에 위치한 유텐지 납골당은 강제 동원된 조선인들의 유골이 안치된 상징적인 장소이다. 한일 간 과거사 문제를 상징하는 이곳 역시 중요한 역사적 증거물로 기능하고 있다. 도쿄 이케가미의 혼몬지(池上本門寺) 사찰 단지 내 묘켄도(妙見堂) 절에는 '싱가폴 창기 순난자 위령비'가 세워져 있다. 태평양 전쟁 말기, 싱가포르와 말레이시아 등 남방 전선의 포로수용소에 강제로 동원된 조선인 청년들 중 일본의 패전 이후 전원 전범으로 기소되어, 148명이 사형당한 비극적인 역사를 위로하기 위한 위령비이다. 끝으로, '간토대지진 한국·조선인 순난자 추도비'는 당시 조선인 학살의 주체가 일본 군대와 민중이었다는 점을 명확하게 비문에 새기고 있다. 억울하게 희생된 이들을 위한 이 추도비는, 그 자체로 가려진 역사를 바로 보게 하는 또 하나의 증언이었다. 짧지 않은 여정이었다. 비행기, 기차, 버스, 택시, 배, 지하철 등 거의 모든 교통수단을 이용해야 했다. 그중 가장 헷갈렸던 건 일본의 복잡한 지하철 시스템이었다. 역방향 열차를 잘못 타고 되돌아오거나, 출입구를 헷갈려 나왔다 다시 들어가기를 반복했다. 특히 아키하바라역에서는 두툼한 배낭과 밀리터리 바지를 입었다는 이유로 경찰에게 두 번이나 검문을 당하기도 했다. '무슨 세계대회라도 열리는 건가' 싶을 만큼 다소 과도한 관심이었다. 하지만 전반적으로 음식도 입에 잘 맞았고, 현지인들의 친절 덕분에 머무는 동안 큰 불편은 없었다. 다만, 이번 여정은 여행이 아닌 기록이었기에, 가볍게 즐길 수는 없었다.

지금은 눈에 보이지 않지만, 전쟁이 남긴 수많은 아픔과 시련의 흔적을 따라 기록하며, 잊히지 않기 위해, 잊히지 않도록 남겨야 할 이야기들을 새겨나갔다. 사도광산의 갈라진 산마루처럼, 우리는 여전히 갈라진 기억의 틈에서 그날의 진실을 마주해야 한다. 잊히지 않기 위해, 잊히지 않도록 남겨야 할 이야기였다.

# 조선인 강제 동원 루트와
# 남겨진 사람들

장용근

이 프로젝트를 준비하면서 나의 관심은 조선인 집단 거주지와 오사카를 중심으로 인근의 나라, 교토 등에 흩어져 있는 강제동원의 장소들에 쏠렸다.

1905년 1월 경부선 철도가 완공되자 일본은 부산과 시모노세키를 잇는 부관연락선을 그해 5월에 개통한다. 경부선 철도를 이용해 물자와 인력이 부산에 집결하고, 부산항에서 시모노세키항으로(관부연락선), 시모노세키에서 다시 모지코항으로(간몬연락선), 모지코역에서 기차로 일본 전역에 조선의 물자와 인력이 쉽고 빠르게 보급되는 수탈 시스템이 완성되었다. 나는 이 징용 루트를 되짚어 가보며 작업을 했다. 1939년부터 시작된 국가총동원법에 의한 강제동원 뿐만 아니라 그 이전 일본이 근대화에 박차를 가하던 시기에 항만, 전력, 철도와 같은 국가 기반 시설공사와 전쟁을 위한 군수산업에 동원된 엄혹한 노동의 장소를 답사하고 기록했다.

당시 조선인이 겪었을 비하와 차별이 마을 이름에 고스란이 묻어있는 똥굴 동네, 아파치 마을 그리고, 우토로 마을에서 그들의 흔적을 확인하고, 일본에 첫발을 딛는 관문인 시모노세키에서 1927년 설립한 재일조선기독교 시모노세키교회와 신도들을 만나 100여년전 사진자료와 생활상을 보고 들을 수 있었다.

오사카는 1차 세계대전을 거치면서 군수산업이 부흥했는데 태평양전쟁을 일으키면서 아시아 최대의 군수도시가 되었다. 한국인들도 많이 가는 오사카성과 그 주변은 무기와 전쟁물자를 생산하는 공장들이 즐비했었고 그만큼 수 많은 조선인들이 징용을 간 곳이다. 임진왜란을 일으킨 토요토미 히데요시가 세운 오사카성에는 또 다시 전쟁을 위한 포병공창화학분석장, 일본 육군 제4사단 사령부청사가 들어섰다. 토요토미 히데요시를 기리는 사원의 정문 옆으로 가면 정비되지 않은 큰 공터가 있는데 이곳이 윤봉길 의사의 수감터인 위수형무소가 있던 자리다. 작은 표식조차 없는 이같은 장소를 찾고 기억하고 지도를 만드는 프로젝트를 이제야 시작하게 되었다.

# 평화로 가는
## 반성적 기억과 계승
최덕순

눈이 내리는 날이 드문, 한국의 대구에서 살아온 나에게
홋카이도는 설국 여행을 꿈꾸게 했던 동경의 땅이다. 그러나
강제징용이라는 불행한 역사에서 만나는 홋카이도는
아름다운 풍경 속에 강제노동으로 희생당한 많은 사람들의
고통을 되새기게 하는 아픔의 땅이다.

홋카이도의 근대화 개척은 도시화의 근간이 되는 도로, 항만,
철도, 탄광, 비행장 건설, 또한 전력을 생산하는 댐건설을
요구했다. 여기에 동원된 노동 인력의 대부분이 하층계급의
일본인과 강제징용된 조선인이었다고 한다. 보고에 의하면
홋카이도에서 강제징용된 한국인 노동자는 250여 곳에
산재하고, 희생자는 아직 밝혀지지 않은 것을 고려하면 상상
이상의 수에 이를 것으로 추정된다.

홋카이도 강제징용노동의 진상은 조릿대 숲에서 희생자
위패와 유골이 발견되어, 인도주의적 각성으로 스스로
형성된 일본 시민단체, 또한 한국을 비롯한 세계의 평화사랑
모임 단체들의 참여로 유해 조사와 발굴사업이 이루어지고,
한편으로는 그를 기리는 추도비와 전시관이 건립되면서
밝혀지기 시작했다.

그 중에서도 강제노동의 희생을 다양한 영상과 전시물로
뚜렷이 기억하고 이를 계승하게 하면서, 세계평화로 나아가게
하려는 <사사노보효 전시관>과 <평화의 숲> 조성은 내게
인류애로 향한 깊은 감명을 주었다. 그 감명은 홋카이도
박물관과 개척촌을 통해 드러내는 근대화 개척이라는
전시물의 위용은, 개척에 강제된 희생된 자의 넋을 기리는
추도비와의 대조로 나에게, 진실을 숨기고 침묵하는 자와
기억하고 계승시키려고 하는 자의 아픈 아이러니의 통찰에
이르게 했다.

역사 교과서나 뉴스속에서 강제징용을 피상적으로만 이해했던
나에게 이러한 통찰은 깊은 반성적 성찰의 울림으로 다가왔다.
나의 사진은 이런 반성적 성찰의 울림을 담아 그를 기억하고
계승하려고 하는 작은 흔적이다.

# 기록의 자리에 서다

박은경

나는 기록작가로서 이 사진집의 모든 장면을 '기억의 지형' 위에서 마주했다. 눈앞에 펼쳐진 장면은 지금의 일본이지만, 내가 따라간 것은 조선인의 시간, 그들이 멈춰 선 자리였다. 강제동원의 흔적이 남은 철도, 터널, 광산, 댐, 군사시설, 그리고 아무 이름도 남지 않은 빈터들. 사진작가들이 셔터를 누른 자리마다 나는 그 풍경의 이면에 있는 말들을 읽고 기억의 실루엣을 더듬어 기록의 문장을 새겨나갔다.

사진은 기록이 되기 위해 상호작용을 필요로 한다. 내가 한 일은 그 상호작용의 맥락을 구조화하고, 사실의 윤곽을 확정하고, 침묵한 기록의 빈 자리를 밝혀내는 작업이었다. 이름을 알 수 없는 조선인 노동자 한 명이 한 장의 사진 속 지형 위에 다시 놓이기까지, 나는 수많은 기록들과 대조하고, 수치와 연도를 확인하며, 일본과 한국 양국의 공식문서와 증언 자료를 교차 검토해야 했다. 그 과정은 명확히 말해 쉽지 않았다.

무엇보다도, 지금 이 글에 담긴 모든 정보가 절대적 진실이라 말할 수는 없다. 일본 내 현장은 침묵과 은폐의 시간 속에 놓여 있었고 남은 기록조차 단편적이거나 상반되는 경우가 많았다. 나 역시 그 사이를 헤매며 불완전한 문장을 쓸 수밖에 없었다. 때문에 이 기록에는 오류가 있을 수 있음을 고백한다. 이 점에 대한 너른 이해를 구하고자 한다. 그러나 이 기록이 끝이라는 의미는 아니다. 오히려 앞으로 이 기억의 실체를 더 정확히 규명해나가야 할 숙제가 남아 있음을 뜻한다.

사진작가들은 각기 다른 시선이면서도 한 가지 공통된 감각을 공유하고 있었다. 고통의 자리에서 진실을 외면하거나 삭제하려는 현장 앞에서 '기억은 저항'이라는 점이었다. 장용근 작가는 조선인 강제동원 루트를 따라 걸었고, 사도광산과 군함도를 방문한 박민우와 박창모 작가는 '기억되지 않는 기억'의 현장을 포착했다. 최덕순 작가는 홋카이도 강제노동 현장에서 만난 평화 전시관 앞에서 "숨기는 자와 기억하려는 자의 아이러니"를 정면으로 바라보았다. 우동윤 작가는 간몬연락선, 고베전철 부설공사 현장, 단바 망간기념관, 고보댐, 그리고 홋카이도 다치마끼곳 등지를 기록하며, 일본 전역에 흩어진 조선인 강제동원의 자취를 집요하게 추적했다.

사진을 따라간다는 것은 단순한 이미지의 나열이 아니라, 눈에 보이지 않는 '기억의 방향'을 읽는 일이다. 나는 이 작업을 통해 사진이 묻고 있는 질문에 답하기 위해 기록을 쓰고 기억의 빈틈을 채우는 글을 더해갔다. 증언은 단편적일 수 있고 기록은 불완전할 수 있다. 그러나 그 조각들을 잇는 것이 기록작가의 역할이라 여기며 나는 내 자리에서 그 몫을 다하고자 했다. 그렇게 이 책은 사진작가들이 현장에서 수집한 진실의 파편 위에 내가 기록작가로서 덧붙인 문장의 궤적이 더해져 완성된 결과물이다.

강제된 노동의 기억이 잊히지 않도록, 이 책을 읽는 당신이 또 하나의 증인이 되어 주시기를 바란다. 그리고 그 기억을 보다 온전히 복원해 나가는 일에 함께해 주시기를 바란다.

# 행정구역별 기록

## 홋카이도(北海道)

### 슈마리나이호 우류 제1댐(朱鞠内雨竜第一ダム)
📍 홋카이도 우류군

일본 홋카이도 최대 인공호수인 슈마리나이호에 세워진 수력 발전댐으로 1938년 착공돼 1943년 완공됐다. 조선인 3,000여 명이 강제동원됐고 기록상 36명이 희생됐다고 하지만 실제로는 더 많았을 것으로 추정된다. 1977년 조선인 희생 사실이 알려졌고 이후 1990년대 들어 한일 시민단체들에 의해 유해 발굴 작업이 수 차례 진행됐다. 댐 주변에 희생자 위령탑과 기원의 탑이 세워져 있다.

### 구 일본육군 아사지노 비행장 터(旧日本陸軍浅茅野飛行場址)
📍 홋카이도 사루후쓰무라

러시아와의 전쟁에 대비해 1942년부터 1944년까지 건설됐다. 이 공사에 1945년까지 약 300명의 조선인이 동원되었으며, 89명이 숨진 것으로 알려져 있다. 당시 일본 육군은 조선인 노동자가 숨지면 인근 일본인 공동 묘지 주변에 아무렇게나 땅을 파고 매장했다고 전해진다. 이같은 사실은 인근 하마톤베쓰 지역 고등학생 동아리와 시민단체들의 조사로 세상에 알려지게 됐다. 2005년에는 두 나라의 시민단체와 대학생들이 1차 유해 발굴을 진행했고, 이후 2009년까지 도두 3차례에 걸쳐 발굴 작업이 진행돼 유해 40여 구를 발굴했다.

### 시벳차 송병준 불하지(標茶 宋秉畯 拂下地)
📍 홋카이도 쿠시로시

친일파 송병준의 손자인 송재구는 메이지대학을 졸업했고, 1930년대 초 홋카이도(北海道)에서 일본 정부로부터 광대한 농지—약 2,640만 제곱미터(약 800만 평)를 불하받아 '조선목장'이라 명명하고 경영했다. 이는 당시 조선인으로선 이례적으로 대규모 사유 목장을 운영한 사례이다.

### 유바리 탄광(夕張炭鉱)
📍 홋카이도 유바리시

조선인 강제동원자들이 생지옥이라고 불렀던 홋카이도의 대표적 탄광이다. 1941년 5월 말 기준으로 3,920명의 조선인이 일하고 있었다. 각종 사고가 끊이지 않았고 특히 1942년 7월 30일 가스 폭발 사고로 17명이 숨졌는데 이중 11명이 조선인이었다. 당시 유바리 탄광의 조선인 노동자 비율은 30%에 조금 못미쳤지만 각종 사고의 희생자 비율은 70%에 가까웠다고 한다. 탄광에서 3킬로미터 정도 떨어진 공동묘지에 조선인 희생자들의 넋을 기리기 위해 동료들이 십시일반 돈을 모아 세운 신령의묘가 있다.

### 비바이 탄광(美唄炭鉱)
📍 홋카이도 비바이시

1912년에 문을 열었고 1915년에 미쓰비시가 인수해 1973년 폐광 때까지 미쓰비시 그룹 산하 탄광으로 운영됐다. 태평양전쟁 시기인 1940년대가 최전성기로 미쓰비시 그룹 산하 탄광 중 생산량 1위를 기록했다. 조선인 수천 명이 강제동원됐고 희생자 473명의 명부가 발견됐다. 생지옥이라 불렸던 유바리 탄광과 더불어 홋카이도 조선인 강제 동원의 역사에서 빼놓을 수 없는 현장이다.

### 아시베쓰 탄광(芦別炭鉱)
📍 홋카이도 아시베쓰시

전범기업 미쓰이가 1992년까지 운영했던 탄광이다. 태평양전쟁 말기인 1944년 6월 기준 조선 1,905명과 중국인 760명, 연합군 포로 609명이 강제노역에 동원됐다는 기록이 있다. 당시 조선인은 1929년 국민강제동원령에 따라 강제로 끌려온 사람들로, 51명이 각종 사고와 병으로 숨졌다. 인근 하천변에 조선인 노동자를 암매장했다는 이야기도 전해진다. 탄광 인근 슈가쿠지(秀岳寺)에 조선인희생자위령비가 세워져 있다.

### 다치마치곶(立待岬)
📍 홋카이도 하코다테시

홋카이도와 혼슈 사이 쓰가루 해협을 조망할 수 있는 곳으로 멀리 혼슈 땅이 보인다. 하코다테에 끌려온 조선인 노동자들과 위안부 여성들이 고향을 그리며 다치마치곶을 자주 찾아왔다고 전해진다. 태평양전쟁 당시 하코다테에는 조선인 위안부가 300~400명 정도 있었다고 하는데 1940년대 하코다테 지역 신문에 조선인 여성 2명의 투신 자살 기사가 실리기도 했다.

### 하코다테 조선인 위령탑(函館 朝鮮人慰靈搭)
📍 홋카이도 하코다테시

하코다테에 끌려와 고향을 그리워하며 생을 마감한 조선인 강제 동원자와 위안부들의 넋을 위로하기 위해 하코다테 교민들이 1990년에 세웠다. 위령탑 뒤쪽의 작은 돔 형태를 한 구조물은 납골당이다.

### 삿포로 니시혼간지 삿포로별원(西本願寺 札幌別院)
📍 홋카이도 삿포로시

태평양전쟁 말기 삿포로에 강제로 끌려와 각종 토목공사에서 강제노역에 시달리다 희생된 조선인의 유골 67위와 101명의 인적사항이 기록된 서류를 보관하고 있다. 당시 삿포로에는 국가 철도와 육군북부군사령부지하호 공사 등에 조선인강제동원 관련 사무소 14곳이 있었고 치토세 비행장 공사에 조선인 2,000여 명이 동원됐다고 한다.

### 모이와 희생자의 비(藻岩犧牲者の碑)
📍 홋카이도 삿포로시

삿포로의 상수도와 전기 공급을 위해 1934년 모이와 정수장과 발전소 공사가 시작돼 정수장은 1936년, 발전소는 1937년 완공됐다. 조선인과 일본인 노동자 4,000여 명이 동원됐는데 대부분 조선인이었다고 전해진다. 공사 도중 80명이 희생됐는데 이들의 넋을 기리기 위해 1994년 민간에 의해 모이와 희생자의 비가 세워졌다.

### 삿포로 한국인 순난자 위령비(札幌 韓國人殉難者慰靈碑)
📍 홋카이도 삿포로시

홋카이도의 주도인 삿포로는 홋카이도 개척의 거점 도시였던만큼 수많은 조선인이 끌려와 강제 노동에 시달렸던 곳이지만 도시가 발전하면서 과거의 흔적들은 대부분 사라졌다. 삿포로에서 숨진 조선인을 위한 위령비는 1986년 민단 주도로 건립됐다. 삿포로 도심에 세우려고 했지만 시민들의 반대로 도심에서 한참 떨어진 외곽에 세웠다.

## 아키타현(秋田県)

### 오사리자와광산(尾去沢鉱山)
📍 아키타현 카즈노시

일본 혼슈 북부 최대 광산인 오사리자와 광산은 1,400년 전부터 사금을 채취해 오던 곳이다. 태평양전쟁 당시에는 주요 전쟁 물자인 구리를 채굴했고 1943년 기준 조선인 700명이 강제동원됐다. 이 중 8명의 사망 원인이 기록으로 남아있지만 실제 사망자는 훨씬 더 많았을 것으로 추정된다. 전쟁 당시 미국과 영국, 호주군 포로 585명이 강제 노동에 동원됐고 이 중 8명이 사망했다. 광산을 운영했던 전범기업 미쓰비시와 일본 정부는 2016년 이에 대해 공식 사죄했지만 조선인 희생자에게는 사죄는커녕 강제동원 사실도 인정하지 않고 있다.

### 다자와호 히메관음상(田沢湖 姬觀音像)
📍 아키타현 센보쿠시

다자와호는 수심 434미터로 일본에서 가장 깊고 세계에서 17번째로 깊은 호수다. 1930년대 말 동북지방의 전력난을 해소하기 위해 다자와호에 수력발전소가 건설됐고, 도수로 공사에 조선인 5,000여 명이 강제 동원됐다. 공사 과정에서 조선인 희생자가 다수 발생했고 이들의 넋을 기리기 위해 1939년 히메관음상이 세워졌다. 하지만, 일본은 공사 당시 폐사한 다자와호 토종물고기의 넋을 위로하기 위해 히메관음상을 세웠다고 날조하고 있다.

## 야마가타현(山形県)

### 오모시로야마코겐역(面白山高原駅)
📍 야마가타현 야마가타시

센잔선은 미야기현 센다이시에서 야마가타현 야마가타시를 연결하는 총연장 58킬로미터의 철도로 1929년 착공해서 1937년에 개통됐다. 이 철도 공사에 조선인 1,000여 명이 강제 동원됐고 숱한 희생을 치렀다고 알려져 있지만 정확한 기록은 아직 발견되지 않고 있다. 공사 당시 인근 주민들의 "철도 침목 하나에 조선인 한 명"이라는 증언으로 미뤄 짐작만 할 뿐이다. 오모시로야마코겐역사 뒤편에 순직비가 있고 순직비 뒷면에 희생자 7명의 이름이 새겨져 있지만 이들이 조선인인지 여부는 명확하지 않다.

## 후쿠시마현(福島県)

### 미야시타댐(宮下ダム)
📍 후쿠시마현 오누마군

미야시타댐은 수력 발전용으로 1941년에 착공해 패전 후인 1949년에 완공됐다. 이 댐 건설을 위해 조선인 1,500여명이 강제 동원됐다는 기록이 있고 그 중 88명이 희생됐다고 한다. 댐 바로 옆 국도 옆에 희생자 위령탑이 있다. 위령탑 뒷면에는 58명의 이름이 새겨져 있는데 그중 24명이 조선인이고 나머지는 중국인과 일본인 등이다.

## 니가타현(新潟県)

### 사도광산(佐渡鉱山)
📍 니가타현 사도시

1601년 개발된 금광으로 일본에서 가장 오래된 광산이다. 태평양전쟁 당시 구리와 아연 등 전쟁 물자를 채굴했는데 조선인 1,000명 이상이 강제 동원됐다. 일본은 2021년부터 유네스코 세계유산 등재를 추진했지만 한국의 반대로 번번이 실패하다가 2024년 7월 당시 윤석열 정부의 암묵적인 동조로 결국 유네스코 세계유산에 등재됐다.

## 나가노현(長野県)

### 마쓰시로 대본영(松代大本營)
📍 나가노현 나가노시

태평양 전쟁 말기 일본 군부는 최후의 항전을 위해 비밀리에 나가노의 작은 마을에 지하호를 파서 군부 최고 의사결정 기구인 대본영을 비롯해 왕실과 정부 조직을 모두 옮긴다는 계획을 세웠다. 공사는 조선인 6,000여 명이 동원돼 1945년 11월 11일 11시부터 1945년 8월 16일까지 밤낮으로 계속됐고 희생자가 속출했다. 1995년 지하호 입구 옆에 조선인 희생자 추도비가 세워졌다.

## 기후현(岐阜県)

### 노다터널(野田トンネル)
📍 기후현 나카쓰가와시

길이 260미터인 노다터널은 1945년 착공해 일본 패전 후인 1947년 완공됐다. 이 곳에는 미군의 공습을 피하기 위해 지하 군수 공장이 만들어질 계획이었고 노다터널은 지하 군수 공장으로 가기 위한 통로였다. 16세에서 50세 정도의 조선인 140명이 동원됐다는 기록이 있는데 이들은 두꺼운 바위산을 뚫는 공사를 모두 수작업으로 했다고 한다.

## 도쿄도(東京都)

### 싱가포르 창기 순난자 위령비
(シンガポール・チャンギ 殉難者慰霊碑)
📍 도쿄도 오타구

태평양전쟁 말기 일본은 조선에서 강제동원한 청년들을 싱가포르와 말레이시아 등 남방 전선의 포로수용소에 근무하게 했다. 일본 패전 후 이들은 전원 전범으로 기소돼 유죄 판결을 받고 146명이 사형됐다. 이들을 위로하기 위한 위령비가 도쿄의 이케가미 혼몬지라는 절에 세워져 있다.

### 유텐지 납골당(祐天寺 納骨堂)
📍 도쿄도 메구로구

태평양전쟁에 동원돼 숨진 조선인들의 유골 700위가 안치된 곳이다. 유골 중에는 종전 후 전범재판에 회부돼 유죄를 선고받고 사형 당한 조선인과 우키시마호 폭침사고 희생자도 포함돼 있다. 1970년대 이후 유골 일부가 순차적으로 한국으로 반환됐지만 2010년 5월 이후 현재까지 추가 반환은 이뤄지지 않고 있다.

## 야마구치현(山口県)

### 간몬연락선(関門連絡船)
📍 시모노세키시

일본 야마구치현 시모노세키와 후쿠오카현 기타큐슈를 연결하는 항로로 1901년 개설됐다. 관부연락선에 실려온 조선인 강제동원자들은 간몬연락선을 타고 규슈의 탄광지대로 끌려갔다. 지금은 혼슈와 규슈를 오가는 관광객들이 주로 이용한다.

### 간몬터널(関門トンネル)
📍 야마구치현 시모노세키시

일본 혼슈와 규슈 사이 간몬해협을 가로지르는 해저터널로 1938년 착공해 1964년 완공됐다. 태평양전쟁 당시 미군의 공격을 피해 물자와 인력을 수송하기 위해 만들어졌다. 공사에는 조선인 6,000여 명이 강제동원된 것으로 알려져 있다. 시모노세키측 입구에 건설비가 세워져 있는데 '우연히' 발생한 전쟁으로 완공이 늦어졌다고 기술돼 있다. 그 전쟁은 태평양전쟁을 말하는데 바로 자신들이 일으킨 전쟁이다.

### 조세이 탄광(長生炭鉱)
📍 야마구치현 우베시

조세이 탄광은 해저 탄광으로 1912년부터 석탄 채굴이 시작됐고 태평양전쟁 당시 조선인 수백 명이 강제 동원됐다. 조선인이 하도 많아 당시에는 조선탄광이라고 불렸다고 한다. 1942년 2월 3일 탄광에 바닷물이 유입되면서 갱도가 무너져 183명이 수몰됐는데 이 가운데 136명이 조선인이었다. 희생자들의 유해는 아직 수습되지 못한 채 바다 밑에 잠들어 있다. 사고 현장에는 해저탄광의 환기구인 피야(ピーヤ) 두 기가 남아 있다.

### 아타고산 지하공장 터(愛宕山地下工場址)
📍 야마구치현 이와쿠니시

미군의 일본 본토 공습이 본격화하면서 일본은 전국의 군수 공장들을 지하화했고, 아타고산 일대 지하에는 해군 비행기 공장이 만들어졌다. 월 40대의 비행기를 만들 계획으로 1945년 1월 완공됐지만 1호기를 만들던 중 전쟁이 끝났다. 지금은 공장의 흔적을 직접 볼 수는 없지만 공원에 안내판이 있어 당시 상황을 설명해 주고 있다.

## 시모노세키현(下関)

### 시모노세키 똥굴 동네(下関トングルトンネ)
📍 시모노세키현 시모노세키시

일본 패전 이후 형성된 조선인 집단 거주지역으로 현지인들이 똥굴 동네라고 부른다. 말그대로 똥냄새 나는 더러운 곳이라는 뜻의 멸칭이다. 고향으로 돌아가기 위해 시모노세키로 모인 조선 사람들이 이런저런 사정으로 그대로 머물게 됐고 가축분뇨처리장, 쓰레기장이 있는 언덕에 하나둘씩 판잣집을 짓고 살기 시작하면서 조선인 집단 거주지가 됐다.

## 오사카부(大阪府)

### 이코마터널(生駒トンネル)
📍 오사카부 히가시오사카시

오사카에서 나라를 연결하는 길이 3,388미터의 터널로 일본 최초로 건설된 표준 궤간 터널이다. 1911년 착공해 1914년 개통됐다. 1913년 1월 낙반사고로 129명이 매몰됐고 이 중 20명이 사망했는데 대부분 조선인이었다. 공사 당시 조선인 노동자들을 잔혹하게 대한 것으로 악명이 높았다. 일본 패전 이후에도 각종 사건사고가 발생, 다수의 희생자가 발생해 결국 1964년 폐쇄됐다.

### 보덕사(報德寺)
📍 오사카부 히가시오사카시

이코마터널 공사에서 희생된 조선인 강제동원자들의 넋을 기리기 위해 재일교포들이 돈을 모아 인근에 세운 절이다. 경내에는 이코마터널 시공사인 긴키닛폰철도주식회사가 1977년 세운 한국인희생자무연불위령비가 세워져 있다. 긴키닛폰철도주식회사의 전신인 오바야시구미(大林組)는 1905년 조선의 경부선과 경의선 철도공사에 참여한 것을 계기로 조선인들을 이코마터널 공사에 동원했다. 보덕사 인근에는 비슷한 목적으로 건립된 조선사(朝鮮寺)도 있다.

### 오사카 포병공창화학분석장(大阪砲兵工廠化學分析場)
📍 오사카부 오사카시 주오구

오사카성 동쪽에 위치한 군수공장 단지로 1870년대 일본군 현대화 시기에 조성됐다. 제2차 세계대전과 태평양전쟁 당시에는 일본군이 사용한 포탄과 무기 등을 생산했는데 생산량이 절정에 달했을 때 6만여 명이 일했고 이 중 상당수가 조선인 강제동원자들이었던 것으로 추정된다. 미군의 폭격이 집중됐던 곳 중의 하나로 폭격으로 수많은 조선인들이 희생됐다.

### 오사카 윤봉길 의사 수감터(大阪衛戍監獄址)
📍 오사카부 오사카시 주오구

1932년 상하이 홍커우 공원에서 폭탄 테러로 일제에 항거했던 윤봉길 의사가 일본으로 압송돼 사형 당하기 전 수감됐던 육군위수 형무소가 있던 곳이다. 오사카성 인근 신사 근처에 표지석이 있다.

### 오사카 이쿠타마공원 지하호(大阪 生玉公園 地下壕)
📍 오사카부 오사카시 텐노지구

태평양전쟁 당시 오사카는 일본의 주요 군수 공업지대로 미군의 폭격이 집중됐던 곳이다. 1944년부터 종전 때까지 50여 차례의 미군 공습이 있었고 일본은 곳곳에 지하 방공호를 파고 공습에 대비했다. 오사카 도심에 있는 이쿠타마공원에 지하호가 있는데 당시 강제로 끌려온 조선인들이 공사에 동원돼 가혹한 노동에 시달렸다는 안내판이 있다.

### 오사카 아파치 무라(大阪アパッチ村)
📍 오사카부 오사카시

오사카 포병공창 근처에 형성된 재일동포 집단 거주지다. 태평양전쟁 당시 미군 폭격으로 폐허가 된 곳에 고국으로 돌아가지 못한 조선인들이 살게 되면서 마을을 이뤘다. 아파치라는 이름은 약탈하는 사람들이라는 뜻으로 아메리카 인디언 부족인 아파치에서 따왔다고 한다. 전쟁 직후 조선인들은 폐허가 된 군수공장에서 고철을 훔쳐 파는 것이 유일한 생계 수단이었기 때문에 붙여진 아픈 이름이다.

### 히라노 운하(大阪平野川)
📍 오사카부 오사카시

1910년대 오사카 히라노강이 홍수로 자주 범람해 피해가 생기자 히라노강 개수공사가 진행됐다. 당시 제주도 출신 조선인들이 대거 이주해 공사에 참여하면서 자연스럽게 조선인 마을이 형성됐고 근처에 현재 오사카 최대 한인타운인 츠루하시 조선시장이 있다. 이 때문에 츠루하시를 포함 오사카의 재일 조선인들 사이에는 제주도의 풍속와 음식의 흔적이 많이 남아 있다.

### 다치소 가와사키 항공기 지하공장 터
(タチソ川崎航空機地下工場址)
📍 오사카부 다카츠키시

30여 곳의 지하터널로 1944년 가와사키중공업의 항공기 공장을 만들던 곳이다. 밤낮없이 극비로 진행된 공사에 조선인 3,500여 명이 강제동원됐다. 다카츠키시가 부분 공개한 자료를 보면 1944년 11월부터 패전 때까지 50명이 사망했다.

### 더동아 전몰 일한간호부 위령지비
(大東亞戰歿日韓看護婦慰靈之碑)
📍 오사카부 다이토시

태평양전쟁에서 희생된 조선인 여자정신대 7만여 명과 일본인 간호부 2만여 명의 넋을 기리기 위해 1977년 민간에서 세운 위령비. 비 뒷면에 '싸우는 사람 돌보고 도우니 커져가는 간호의 노고 영원히 칭송하네'라는 문구와 건립에 도움을 준 사람들의 이름이 새겨져 있다고 기록돼 있지만 현재 훼손이 심해 정확히 식별하기 어려운 상태다.

## 효고현(兵庫県)

### 고베전철 부설공사 조선인노동자의 상
(神戸電鉄敷設工事朝鮮人労働者の像)
📍 효고현 고베시

고베전철은 고베시에서 아리마 온천까지 34.5킬로미터 구간의 철도로 1920년대에 건설됐다. 간사이 지역 최대 온천 휴양지인 아리마 온천으로 관광객을 실어 나르기 위한 철도 공사에 조선인 1,800여 명을 동원한 것이다. 가혹한 노동 환경에 임금 체불도 잦아 4번이나 노동쟁의가 일어났다는 기록도 있다. 조선인 노동자의 상은 1996년 일본의 시민단체가 주도해서 세웠다. 뒤편 명단에는 조선인 희생자 13명이 이름이 새겨져 있다.

### 아마루베 철교(余部橋梁)
📍 효고현 미카타군

효고현 해안선에 건설된 아마루베 철교는 높이 41미터, 길이 290미터로 1909년 12월 착공 당시 일본에서 가장 높은 철교였다. 공사에는 조선인 3,000여 명이 동원됐는데 사시사철 불어오는 강풍과 폭설, 험준한 지형으로 난공사 중의 난공사였다고 한다. 당시 일본인 감독관은 권총을 차고 조선인 노동자들을 감시했다. 철교에서 10킬로미터 정도 떨어진 하치만신사에 조선인 희생자 7명의 이름이 새겨진 철도공사중순난병몰자초혼비가 있다.

### 쇼와못(昭和池)
📍 효고현 가토시

1934년 완공된 농업용 못이다. 공사에는 조선인 수백 명이 동원됐고 공사 과정에서 다이너마이트 폭발 사고가 발생, 7명이 숨졌는데 이 중 4명이 조선인이다. 주차장 구석 수풀 속에 희생자 7명의 넋을 기리기 위한 위령탑이 세워져 있고 조선인 희생자 4명의 이름이 또렷이 새겨져 있다.

## 나라현(奈良県)

### 나라 돈즈루 방공호(奈良 どんづる 防空壕)
📍 나라현 가시바시

태평양전쟁 말기 미군의 공습을 피해 일본은 육군 항공 부대를 지휘하기 위한 사령부를 지하로 옮기기로 결정하고 나라의 돈즈루산에 방공호를 파기로 결정했다. 1945년 4월에 공사가 비밀리에 시작됐고 조선인 200여 명이 공사에 강제 동원됐다.

## 교토부(京都府)

### 우키시마 순난의 비(浮島丸殉難の碑)
📍 교토부 마이즈루시

1945년 8월 21일 혼슈 북단 아오모리현의 오미나토항을 출항해 부산으로 향하던 우키시마호가 출항 사흘 뒤인 24일 갑자기 마이즈루항으로 항로를 바꾼 뒤 마이즈루항 앞바다에서 폭발, 침몰해 승객 대부분이 숨졌다. 일본 정부는 여전히 우키시다호 폭침 사건에 대한 진실 규명을 외면하고 있다. 순난의 비는 1978년 마이즈루 지역 역사 교사와 시민단체 등이 세웠다.

### 마이즈르 붉은벽돌공원(舞鶴赤れんがパーク)
📍 교토부 마이즈루시

마이즈루는 과거 일본 해군의 주요 기지 중 한 곳으로 지금도 해상자위대 방면 총감부가 있는 군사도시다. 마이즈루 붉은벽돌공원은 전쟁 당시 해군의 군수 창고로 쓰던 건물을 리모델링 해서 관광지로 꾸민 곳이다. 이곳의 주력 관광상품은 해군으로 과거 제국주의 일본 해군에 대한 향수가 가득하다.

### 교토 우토로 마을(京都ウトロ村)
📍 교토부 우지시

태평양전쟁 당시 교토 비행장과 부속 시설 건설에 조선인 1,300여 명이 동원됐고, 이들이 거주하던 합숙소가 우토로 마을의 시작이다. 일본 패전 이후 재일 조선인들이 흘러 들어와 살게 되면서 마을을 이루게 됐다. 이후 2000년대 초반까지 상하수도 전기 등이 제대로 들어오지 않는 열악한 거주 환경과 일본 정부의 지속적인 퇴거 압박, 우익들의 공격 등으로 재일 조선인들의 삶을 상징적으로 보여주는 마을이 됐다.

### 단바망간기념관(丹波マンガン記念館)
📍 교토부 교토시

망간은 철을 만드는데 필요한 핵심 군수 물자로 단바 망간광산에는 태평양 전쟁 당시 조선인 3,000여 명이 강제 동원됐다. 그 중 한 명이었던 고 이정호씨가 1989년 갱도 1곳을 인수해 단바망간기념관을 열었다. 일본내 유일한 조선인 강제동원 관련 기념관이다. 1995년에 이정호씨가 사망하고 아들이 운영을 맡았지만 재정난을 겪으면서 폐관과 개관을 반복하다가 2020년 코로나19 확산으로 문을 닫았다.

## 오카야마현(岡山県)

### 가메지마산 지하공장 터(龜島山地下工場址)
📍 오카야마현 쿠라시키시

가메지마산은 태평양 전쟁 당시 미쓰비시의 전투기 부품 생산 공장이 있던 곳이다. 지금 남아 있는 지하 공장은 길이 2킬로미터, 폭 7미터, 높이가 4미터에 이른다. 지하 공장 건설에 적지 않은 조선인들이 동원됐고 이들은 가장 위험한 작업인 공사 선두의 발파와 굴착 작업에 동원됐다.

## 히로시마현(広島県)

### 히로시마 평화기념공원(広島平和記念公園)
📍 히로시마현 히로시마시

1945년 8월 6일 인류 최초의 원자폭탄이 히로시마에 투하됐고 14만 명이 희생됐다. 당시 히로시마에는 조선인 10만 명이 살고 있었는데 이 중 2만 명이 희생됐다. 히로시마 평화기념공원은 유네스코 세계문화유산에 지정돼 있고 일본은 이 곳을 피해자로서의 역사를 강조하는 수단으로 활용하고 있다. 한국인희생자위령비는 공원 구석 공중화장실 옆에 세워져 있다.

### 고보댐(高暮ダム)
📍 히로시마현 쇼바라시

고보댐은 1940년 착공돼 일본 패전 후인 1949년에 완공됐다. 조선인 2,000여 명이 동원돼 가혹한 노동에 시달렸는데 대부분이 경상도 출신이었다. 고보댐의 높이는 70미터인데 공사 당시 추락사고가 잦았고 조선인이 추락하면 구조하지 않고 시멘트를 덮어 그대로 공사를 진행했다고 한다. 당시 조선인 희생자가 너무 많아 '인골(人骨)댐'이라 불렸다. 댐 옆에는 1990년 히로시마 교직원 조합 등이 세운 조선인 희생자 추도비가 있다.

## 나가사키현(長崎県)

### 군함도(端島)
📍 나가사키현 나가사키시

전범 기업 미쓰비시가 19세기 말 개발한 탄광으로 하시마섬에 위치해 있지만 섬의 모양이 군함과 닮았다고 해서 군함도라고 불린다. 태평양전쟁이 한창이던 1940년대 조선인 약 800명이 강제동원 됐고 122명이 희생됐다고 기록돼있다. 2015년 7월 유네스코가 일본 메이지시대 산업유산 23선 중 하나로 지정했다. 지정 당시 조선인 강제동원 사실을 알려야 한다는 조건이 있었지만 일본은 지키지 않고 있다.

### 나가사키 평화공원(長崎平和公園)
📍 나가사키현 나가사키시

1945년 8월 9일에 히로시마에 이어 두 번째로 투하된 원자폭탄의 낙하 중심지와 그 북쪽의 언덕 위에 조성됐다. 나가사키에 떨어진 원자폭탄으로 7만 4,000여 명이 희생됐고 이 중 1만 명 이상이 조선인이었다. 평화기념상과 분수 등 각종 조형물이 있고, 폭심지 공원에 한국인 희생자 추모비가 있다.

## 후쿠오카현(福岡県)

### 관부연락선(関釜連絡船)
📍 시모노세키

부산과 일본 세모노세키를 연결하는 국제항로로 1905년 개설됐다. 조선인 강제동원자와 위안부 수송 등 일제강점기 인력, 물자 수탈의 핵심적인 도구로 활용됐다. 1905년 4만 명이던 수송객수가 1910년대 40만 명을 넘었고, 전쟁 중이던 1930년대 후반에는 100만 명을 넘어섰다. 일본 패망으로 끊겼다가 1970년 한일 국교 정상화 이후 재개돼 한국 선적의 부관페리와 일본 선적 칸부페리가 번갈아 가며 매일 운항한다.

### 간몬연락선(関門連絡船)
📍 키타큐슈시

일본 야마구치현 시모노세키와 후쿠오카현 기타큐슈를 연결하는 항로로 1901년 개설됐다. 관부연락선에 실려온 조선인 강제동원자들은 간몬연락선을 타고 규슈의 탄광지대로 끌려갔다. 지금은 혼슈와 규슈를 오가는 관광객들이 주로 이용한다.

### 모지코 출정비(門司港出征の碑) (모지구)
📍 후쿠오카현 키타큐슈시

일본은 만주사변을 일으킨 1931년부터 태평양전쟁에서 패한 1945년까지 키타큐슈 모지항을 통해 2백만 명이 남방의 전선으로 파병했다. 이들 중 1백만 명이 전사했고 이를 기리기 위한 비가 모지코 간몬연락선 터미널 뒤에 세워져 있다. 남의 전쟁에 끌려가 억울하게 희생된 조선의 청년들은 과연 몇 명이었을까.

### 출정군마 음수대(出征軍馬の水飲み場)
📍 후쿠오카현 키타큐슈시 모지구

모지항을 통해 남방으로 군인들을 파병할 때 일본 전국 각지에서 징발한 말 수십만 필도 함께 전장으로 보내졌다. 전장으로 보내지기 전 마지막으로 말들에게 물을 먹여던 음수대가 모지코 출정비 옆에 보존돼 있고 말들을 위한 추모의 글도 새겨져 있다. 말들도 이렇게 기억되고 있는데 조선인 희생자들에 대한 글과 흔적은 그 어디에서도 찾아볼 수 없다.

### 야하타 제철소(八幡製鐵所)
📍 후쿠오카현 키타큐슈시

야하타 제철소는 청일전쟁에서 승리한 일본이 청나라로부터 받은 배상금으로 1901년 지은 일본 최초의 근대 제철소다. 군함도와 함께 일본이 자랑하는 유네스코 메이지 시대 산업유산 23선 중 한 곳이다. 1937년 중일전쟁 이후 야하타 제철소는 군함과 비행기, 포탄 등 전쟁 물자에 필요한 철강을 집중적으로 생산했고 이 기간 조선인 4,000여 명이 끌려와 강제 노동에 시달렸다.

### 디이케 탄광(三池炭鉱)
📍 후쿠오카현 오무타시

디이케탄전의 대표 탄광인 미이케 탄광에는 태평양전쟁 당시 조선인 9,200여 명이 강제동원됐다. 군함도와 함께 유네스코가 지정한 일본 메이지시대 산업유산 23선 중 한 곳이다. 지정 당시 일본은 조선인 강제동원 사실을 알리겠다고 약속했지만 아직 지키지 않고 있고 조선인 희생자들을 위한 우령비 건립도 허용하지 않아 위령비는 9킬로미터 정도 떨어진 이 산에 세워졌다.

### 치쿠호탄전(筑豊炭田)
📍 후쿠오카현 다가와시

태평양전쟁 당시 큐슈의 석탄 생산량은 일본 전국의 절반을 차지했고, 이 가운데 절반이 치쿠호탄전과 미이케탄전에서 생산됐다. 치쿠호 일대에는 아소탄광, 미쓰이탄광 등 130곳이 넘는 탄광이 흩어져 있었다. 전쟁 당시 조선인 15만 명이 강제 노역에 동원됐고 이 중 2만 명 넘게 희생된 것으로 전해지고 있다. 지금은 미쓰이 탄광이 있던 곳에 다가와석탄박물관이 있어 당시의 흔적 일부를 보존하고 있다.

## 구마모토현(熊本県)

### 오코바역(大畑駅)
📍 구마모토현 히토요시시

오코바역이 속한 히사츠선은 구마모토현에서 가고시마현을 잇는 124킬로미터의 철도 노선으로 당시 큐슈 남부 지역 교통의 핵심이었다. 1901년에 시작돼 러일전쟁 때 잠시 중단됐다가 1909년에 끝난 이 공사에 조선인 노동자 500여 명이 동원됐는데 이것이 조선인이 일본 철도 공사에 취업한 첫 사례로 알려져 있다. 역사와 철길 건너 편에 공사 중 희생자들의 넋을 기리기 위한 철도공사중순난병물자추도비가 세워져 있다.

## 고치현(高知県)

### 츠가댐(津賀ダム)
📍 고치현 다카오카군

높이 41미터, 길이 145미터의 츠가댐은 고치현에서 에히메현으로 전력을 보내기 위해 1941년 착공한 수력 발전댐이다. 전쟁으로 공사가 지연됐다가 1951년 완공됐다. 시공사가 정부 보고용으로 작성한 문서에는 조선인으로 추정되는 인부 600여 명의 이름이 기록돼 있다.

## 오키나와현(沖縄県)

### 한의 비(恨の碑)
📍 오키나와현 요미탄촌

오키나와에 강제로 끌려가 희생된 조선인 군부들의 넋을 기리기 위한 조형물이다. 생존자 중 경북 영양 출신의 고 강인창 씨가 각계에 호소해 1999년 영양에 한의 비를 세웠고, 7년 뒤인 2006년 오키나와 요미탄에도 같은 비가 세워졌다. 오키나와 출신 조각가인 긴조 미노루 선생이 조각했다.

### 오키나와 평화기념공원(沖縄平和記念公園)
📍 오키나와현 이토만시

오키나와전투의 비극을 알리고 평화를 기원하기 위해 조성됐다. 희생자 24만 명의 이름을 비석에 새겼는데 이 중 12만 명 이상이 민간인이고 433명이 조선인의 이름이다. 매년 6월 23일 위령제가 열린다. 공원 한 쪽에는 1975년 당시 한국 정부와 민단 등이 조성한 한국인위령탑공원이 있다.

조선인 강제동원의 기록
# 잊혀진 이름
# 남겨진 자리

| 기획 | 사진기록연구소 |
|---|---|
| 사진 | 박민우, 박창모, 우동윤, 장용근, 최덕순 |
| 글 | 박은경 |
| 디자인 | 강경훈, 김승환, 김경빈, 우해원 |
| 발행인 | 박은경 |
| 발행처 | 생각을 나누는 나무 |
| | |
| 주소 | 대구광역시 남구 이천로 142 |
| 대표전화 | 053 765 1770 |
| 팩스 | 053 289 0068 |
| 발행일 | 2025년 8월 11일 초판 1쇄 |
| ISBN | 979-11-86181-64-5 (03910) |

'라브리움'은 '생각을 나누는 나무'의 기록학술서 전문브랜드 입니다.
이 책의 글과 사진을 무단 복제하는 것은 저작권법의 의해 금지되어 있습니다.
파본이나 잘못된 책은 구입하신 곳에서 교환해 드립니다.